Andreas Speit
Autoritäre Rebellion

ANDREAS SPEIT

Autoritäre Rebellion

Wie antimoderne Reflexe
breite Schichten der Gesellschaft
erfassen und sie immer weiter
nach rechts rücken

Ch.Links VERLAG

FSC MIX Papier | Fördert gute Waldnutzung FSC® C083411

Auch als erhältlich

Die Deutsche Nationalbibliothek verzeichnet diese Publikation in der Deutschen Nationalbibliografie; detaillierte bibliografische Angaben sind im Internet über www.dnb.de abrufbar.

Ch. Links Verlag ist eine Marke der Aufbau Verlage GmbH & Co. KG
© Aufbau Verlage GmbH & Co. KG, Berlin 2025
www.aufbau-verlage.de/ch-links-verlag
Prinzenstraße 85, 10969 Berlin
Der Verlag behält sich das Text- und Data-Mining nach § 44b UrhG vor, was hiermit Dritten ohne Zustimmung des Verlages untersagt ist.
Bei Fragen zur Sicherheit unserer Produkte wenden Sie sich bitte an produktsicherheit@aufbau-verlage.de.
Umschlaggestaltung: Rothfos & Gabler, Hamburg
Satz: Nadja Caspar
Druck und Bindung: cpi books GmbH, Leck

ISBN 978-3-96289-232-6

INHALT

Prolog 7

Entgrenzungen und Relativierungen 17

Krisen und Versuchungen 33

Progressiv und regressiv 47

Wahn und Wirklichkeit 57

Politik und Poesie 73

Märchen und Natur 91

Selbstermächtigung und Menschenfeindlichkeit 111

Epilog 125

Anmerkungen 137

Dank 171

Prolog

Die Revolte ist gewollt. Sie haben sich nicht alle verrannt oder verirrt. Sie suchen und schwärmen aus, finden und verbinden sich. Sie sind Familienangehörige, Freunde, Bekannte, Vereinsmitglieder, Doppelkopfspielende, Tennispartnerinnen oder Angehörige der Freiwilligen Feuerwehr. Sie haben sich entschieden: Diese Bundesrepublik ist nicht mehr ihre Republik. Diese BRD war für einzelne auch nie ihr Staat. Wir kennen sie, sie sitzen nicht nur in den Parlamenten oder Talkshows, sie sitzen auch an Küchen- oder Stammtischen. Sie sind wie wir, sie kommen aus der Mitte der Gesellschaft. Sie forcieren jedoch eine Entkultivierung der liberalen Demokratie. Ihre Revolte strebt ins Autoritäre.

In den vergangenen Jahren ist das Sag- und Wählbare in der Mitte der Gesellschaft nach weit rechts verschoben worden. Was sich gestern noch politisch am Rand befand, ein No-Go war, wird nicht mehr bloß gedacht, sondern gesagt und gewählt. Die laut Sprechenden sind aber nicht nur die üblichen Verdächtigen. In dem Chor singen nicht alleine Rechtsextreme und Reichsideologie-Getriebene, in ihn stimmen auch

Querdenkende und Alternativ-Bewegte ein. Sie scheinen habituell und kulturell sehr verschieden zu sein. Der Auftritt in Fantasieuniformen oder die Gründung eines Fantasiekönigreichs aus dem reichsideologischen Spektrum hat mit dem Bestreben nach Harmonie oder dem Ausleben der Individualität aus der alternativen Szene vermeintlich kaum etwas gemein. Sie sind sich allerdings nicht nur über ihre Ablehnung der staatlichen Pandemiemaßnahmen näher gekommen, sie verbindet auch die gemeinsame Delegitimierung des Staates. Sie sind sich jedoch auch politisch und philosophisch nah: in der Kritik an der Moderne. Eine lange Tradition, auch wenn sie sich derer vielleicht nicht bewusst sind.

Diese Mischszene sucht Alternativen, bemüht sich um Lebens-, Siedlungs- und Bildungsoptionen möglichst frei von staatlichen Zugriffen. Eine Variante mit gravierenden Folgen: Kinder werden per Hausgeburt zur Welt gebracht und nicht beim Standesamt gemeldet. Nicht beim Staat registriert, und damit für den Staat nicht existent.[1] Eine weitere Variante: Größere Grundstücke erwerben, um mit Gleichgesinnten zusammenzuleben,[2] und noch eine: Schulen als Freie Schule gründen.[3] In diesem Kontext fällt ein Social-Media-Phänomen auf, das ein Vorwärts-ins-Vergangene propagiert: die Tradewives. Der Trend kommt aus der rechtsextremen Alt-Right der Vereinigten Staaten. Seit den 2020er Jahren inszenieren sich junge Influencerinnen ebenso in der Bundesrepublik in sogenannten traditionellen Frauenrollen. In kurzen Clips erscheinen Frauen mit weißer christlicher Identität bei der Care-Arbeit zu Hause – freundlich und glücklich. Die Männer sind außer Haus zum

Arbeiten.[4] Diese Inszenierung ist mehr als eine Absage an Emanzipation. Doch nicht jede Frau, die Videos vom Kochen oder Bilder vom Backen online stellt, muss gleich in diesem Milieu verortet werden.

In dieser Mischszene werden nicht alle Anschauungen miteinander geteilt, es genügt ein Anliegen, das einen so sehr antreibt, um neue Allianzen einzugehen. Das eklektische Nebeneinander von widersprüchlichen Vorstellungen gehört schon immer zu rechten Gedankengebilden.

Auch wenn es um die Kritik an der Moderne geht, verstrickt man sich in einem Paradox, die Art und Weise, wie bemängelt wird, ist zugleich antiautoritär und autoritär. Die Kritik richtet sich gegen die bestehende Autorität, den Staat und seine Organe, die für sie ihre Autorität verloren haben bzw. nie besaßen, und strebt nach neuen Autoritäten. Für den einen genügt ein selbst ernannter Reichspräsident eines Freistaates Preußen oder ein Oberster Souverän des Königreichs Deutschland, für die andere reicht ein Mikrobiologe, der »die Wahrheit« über Corona weiß, oder ein HNO-Arzt, der Mediziner*innen, die impfen, mit dem KZ-Lagerarzt Josef Mengele gleichsetzt. Und manch andere genügen sich selbst als jene Aufgeklärte, die nun alles erkannt und verstanden haben.

Den Sound zur Rebellion liefert – neben anderen – eine Band, deren Namen Programm ist: Rapbellions. Das »Rudel«, wie sie sich selbst nennen, sagt über sich, dass sie den Grundgedanken des Hip-Hop vertreten würden: »Rap als Gesellschaftskritik«. Nice, wenn sie keine rechten Botschaften hätten. Schon 2021 inszeniert sich »das Rudel« als Verkündende der Wahrheit. In ihrem Hit »Ich mache da nicht mit« propagieren sie eine Fundamentalopposition gegenüber den staatlichen Pandemiemaßnahmen: »Ich mach' da nicht mit, denn ich bin nicht down mit der Maskenpest. Fick deine Diktatur. Der Teufel, der Mörder hinter Tausenden Waffentests. Digga, was willst du tun, wenn dieser Schlauch deine Atmung schwächt? Nimm deinen Okkultismus und ich leg' ihn unter den Christus. Dieser bunte Faschismus macht mich krank wie diese Tunten im Business.« Oder: »Fuck NWO und bewahr' mein Gesicht.« Oder: »Sag mir, ist das nicht ein Witz, dass ein Haufen Psychopathen beinah' die gesamte Menschheit einfach nebenbei versklaven? Ich steh' außerhalb der Matrix, die Hälfte hier spürt gar nichts.«[5] Mit NWO spielen sie auf das Verschwörungsnarrativ der New World Order an, nach dem geheime Eliten eine supranationale Weltregierung anstreben. Vom Verschwörungsnarrativ gehen sie über zu Faschismusrelativierungen und Homophobie. Bis heute ist das Video auf der Webseite online. Ein Star, der sich längst distanziert hat, lieferte eine Strophe: Xavier Naidoo.[6] Enthemmungen und Entgrenzungen scheinen sich zu ergänzen.

Die Ergebnisse bei Bundes- und Landtagswahlen sind parlamentarischer Ausdruck dieser Verschiebung nach rechts. Die zunehmende Gewalt gegen markierte Feinde spiegelt die alltägliche Bedrohung ebenso wider. Der gebotene Blick auf die Gewalt sollte aber nicht den Blick auf die Gesellschaft im Ganzen verstellen.

Die Verortung am Rand hat lange die gesellschaftliche Mitte entlastet. Die politischen Entwicklungen am Rande waren jedoch auch in der Weimarer, Bonner und Berliner Republik nie alleine entscheidend. Trotzdem wird die Annahme, es handele sich um ein Phänomen der Extreme, gern in Politik und Medien popularisiert und damit impliziert, dass rechte Ressentiments nicht in der Mitte der Gesellschaft virulent waren und sind. In Zeiten der Krisen, in der eine Krise in die nächste Krise übergeht, ohne dass die eine schon zu Ende ist, verstärken sich Ressentiments. Das libertäre Selbstverständnis und tolerante Selbstbild kann auch nur ein dünner Firnis sein? Was verschüttet war, kommt hoch? Das Versprechen von ökonomischem Wohlstand und privatem Aufstieg bilden für Oliver Decker und Johannes Kiess eine Art sozialer Plombe. Der wirtschaftliche Aufschwung in der frühen Bundesrepublik erleichterte die Akzeptanz der Demokratie. Das »Wirtschaftswunder« ist aber kein Wunder mehr.[7] Das Versprechen wurde auch während der Wiedervereinigung bei der niedergehenden Deutschen Demokratischen Republik (DDR) gegeben. Die »blühenden Landschaften« (Helmut Kohl) erblühten jedoch nicht. Lange her und doch so nah. Spätestens allerdings mit der weltweiten Pandemie und dem russischen Angriffskrieg rücken ökonomische Befürchtungen und persönliche Besorgnisse näher. In dem schon »entsicherten Bürgertum«, das die eigenen Privilegien bedroht sieht, könnte dessen »Liberalität« erodieren, warnt Wilhelm Heitmeyer bereits 2012. Eine »rohe Bürgerlichkeit«, die mit »rabiaten Mitteln« ihre Bedürfnisse und Ziele durchsetzt, bahnte sich früh an.[8] Das Dilemma ist die Moderne selbst. Sie generiert das Versprechen der Beteiligung und Gleichberechtigung, kann es aber nicht garantieren.

Die Moderne sei nicht nur eine Periode, schreibt die Soziologin Eva Illouz, sie müsse »auch und vor allen als eine historische Dynamik« verstanden werden, »die sich seit der Renaissance entfaltet und in der Aufklärung ihren intellektuellen Höhepunkt gefunden hat«.[9] Im Höhenflug der Aufklärung wurde individuelle Freiheit und soziale Gleichheit verkündet. Dieser Flug startete allerdings schon mit der Bestimmung des Eigenen, die mit der Abwertung und Abwehr des Anderen einherging. Die »Barbaren« sollten »zivilisiert« werden. »Europas unendliche Arroganz« erfolgte aus der »Perspektive des ›Fortschritts‹«, führt Jürgen Osterhammel in der *Zeit* am 28. September 2023 aus. »Das Zeitalter der Revolutionen«, industriell und politisch, war eben auch eine »Epoche der fortschreitenden Kolonisierung«, schreibt der Historiker.[10] »Vernunft im Dienst der Unvernunft«, könnte mit Theodor W. Adorno angemerkt werden.[11] Der Sinkflug begann mit der Reduzierung des Denkens auf die Ökonomie. Die politischen Reaktionen auf die sich stets beschleunigende Globalisierung entsicherten schließlich in den westlichen Industriestaaten den ausgehandelten demokratischen Kapitalismus. Illouz merkt an, dass durch eine neoliberale Politik, die sowohl die ökonomische als auch die private Sphäre durchdringt, die »gegenwärtige Misere« vorangetrieben wird: die Deregulierung der Märkte, die Finanzialisierung der Wirtschaft und die Ausdehnung der Machtmonopole bringen in einer »Konsumgesellschaft« auch die Gefühle von »Enttäuschung«, »Neid und des Ressentiments« hervor. Zorn und Furcht lägen in der Spätmoderne eng beieinander. »Eine solche Moderne« bezeichnet Illouz als »explosiv«.[12] Und sie warnt und mahnt nicht alleine.

Das »prekäre Verhältnis zwischen dem *demokratischen Staat* und einer *kapitalistischen Wirtschaft*« (Hervorh. i. Orig.) tendiere verstärkt zur »sozialen Ungleichheit«, schreibt ebenso Jürgen Habermas. Die »soziale Ausbalancierung« sei aber der »gegensätzlich funktionale Imperativ« für einen demokratischen Staat.[13] Diese Balance war im Niedriglohn- und Bezugssektor noch nie austariert. Sie ist nun aber auch in den mittleren und höheren Einkommensschichten unter Druck geraten. Die »Signatur unserer Zeit« sei, dass die »soziale Moderne« erneut einer »regressiven Modernisierung unterzogen werde, die »häufig gesellschaftliche Liberalisierungen mit ökonomischer Deregulierung« verbindet, legt der Soziologe Oliver Nachtwey dar und betont, dass nun auch in der »Mittelschicht« ein »harter gesellschaftlicher Wettbewerb« um »Wohlstand« und »Aufstieg« geführt werde. Dieser Kampf »bringe einen ganz eigenen Autoritarismus« hervor.[14] Die Ankündigungen von Arbeitsplatz- und Stellenvernichtungen Ende des Jahres 2024 in zentralen Industrie- und Wirtschaftsbereichen wirken der Entwicklung nicht entgegen. Eine Sehnsucht nach Sicherheit und Ordnung, Planung und Überblick macht sich breit. Mit ihr das Bedürfnis nach Autorität.

»Die Dinge sind näher als sie erscheinen«, intoniert Dirk von Lowtzow von der Band Tocotronic.[15] Und so blitzen in der Sehnsucht nach einer Vormoderne – mit ihrer vermeintlichen Sicherheit, Ordnung und Überschaubarkeit – Splitter der Romantik auf, eine lyrische Politik, die ins Reaktionäre und Nationalistische driften kann. Und hier begegnen sich heute zwei unterschiedliche autoritäre Charaktertypen: ein rebellischautoritärer und ein libertär-autoritärer. Carolin Amlinger und Oliver Nachtwey weisen auf beide Typen hin, der eine bedarf noch einer äußeren Autorität, dem anderen genügt eine innere Autorität.[16] In der Regression liegt die Revolte, eine antiautoritäre für eine autoritäre Utopie.

Im Land der Täterinnen und Mörder, den Mitlaufenden und Nutznießerinnen ist eine Bezugnahme auf den Nationalsozialismus mehr als nachvollziehbar: Aktuelle Prozesse der laufenden Verschiebung zu extrem rechten Ressentiments werden oft im Kontext der 1930er Jahre betrachtet. Doch ob Alexander Gauland, AfD-Gründungsmitglied und -Ehrenvorsitzender, oder Björn Höcke, AfD-Landtagsfraktions- und -Landesvorsitzender in Thüringen, »Nationalsozialisten« seien, sollte weitere Fragen nicht aussperren. »Die Idee ist ganz gewiss nicht gestorben, wie nie etwas ganz stirbt«, sagt Primo Levi. Und der 1987 verstorbene Holocaust-Überlebende sagt weiter: »Alles kehrt erneut wieder, aber sterben tut es nicht«, doch »die Formen verändern sich«.[17] Demokratien können auch durch andere Angriffe bedroht sein. Die gegenwärtigen Feinde des Versprechens der Moderne nach Liberalität und Egalität treten freundlich auf, fordern nur individuelle Freiheit und liberale Rechte. Ein »beunruhigendes Phänomen«, denkt Habermas, das durch eine »Verbindung des traditionellen Rechtspopulismus – ›Wir sind das Volk‹ – mit der libertären Selbstbezogenheit [...] von Verschwörungstheoretikern« charakterisiert ist, »die ihre subjektiven Freiheitsrechte gegen eine imaginäre Unterdrückung durch einen angeblich nur scheindemokratischen

Rechtsstaat verteidigen«. In sämtlichen »kapitalistischen Gesellschaften« entstünde dieses »Widerstandspotential und lässt das politische System von innen zerbröseln, wenn auf der Basis wachsender sozialer Ungleichheit der Zerfall der politischen Öffentlichkeit nur weit genug fortgeschritten ist«.[18]

Solch ein Double hat in den Vereinigten Staaten Ende 2024 großen Erfolg: Donald Trump und Elon Musk. In der Bundesrepublik nicht möglich?

Die Erosion der sozialen Plombe könnte mit Eva Illouz auch schon als beginnende Explosion wahrgenommen werden. Der Angriffskrieg Russlands auf die Ukraine dürfte den Liberalismus als Chance erschüttert haben. Die Chance erscheint nun mehr als »Illusion«, deutet Andreas Reckwitz an. Die Druckwellen der schon erfolgten Sprengungen sind aber deutlich spürbar. Die liberale Demokratie steht unter diversem Druck. Das »Projekt der Moderne« (Jürgen Habermas) sollte allerdings auch nicht wegen des Klimawandels »ad acta« gelegt werden, betont der Soziologe. Dieses »Projekt« müsste vielmehr »neu begriffen und verfolgt« werden.[19] Lea Ypi weist noch auf ein weiteres Moment für die Verschiebungen nach rechts hin. Den Menschen, denen es bereits jetzt nicht gut geht, und jene Menschen, die befürchten, dass es ihnen nicht gut gehen könnte, würden »nur die Rechten« eine »neue Erzählung« anbieten: nämlich »dass Menschen für unsere Probleme verantwortlich seien, die kulturell anders sind«. Allein »die Rechten« würden eine »radikale Systemkritik« formulieren und »eine andere Zukunft« offerieren, so die Philosophin und Politikwissenschaftlerin.[20] Ihre Narrative sind zwar nicht neu, könnte eingewendet werden. Den liberalen Demokratien fehlen jedoch selbst neue Narrative, als Resultat der »neoliberalen Komplizenschaft«[21] mit der angeblich alternativlosen Politik. Sie lässt den Menschen mit sich selbst alleine – verloren in der Spätmoderne. Diese Singularisierung heizt die autoritäre Rebellion weiter an.[22] Eine Erzählung über eine radikalere Demokratie und Egalitarismus, schlägt Ypi als Gegenerzählung vor.[23] Darin wird Diversität nicht mehr als Bedrohung, sondern als Chance ausgehandelt.

Entgrenzungen und Relativierungen

Ein Revival: Am 3. August 2024 folgten an die 12 000 Protestierende einem Aufruf von »Querdenken – 711 Stuttgart«. In Berlin kamen sie unter dem Motto »Für Frieden und Freiheit« zu einer Kundgebung mit einem anschließenden Demonstrationszug zusammen. »Es waren immer die Außenseiter, die die Welt veränderten«,[1] betont Michael Ballweg im Aufruf. Der Unternehmer aus Stuttgart hatte zwar nicht die erste Demonstration gegen die staatlichen Pandemiemaßnahmen organisiert, allerdings etablierte er mit »Querdenken« das Label.

Vier Jahre zuvor, am 1. August 2020, hatte »Querdenken« in Berlin mit dem Slogan »Das Ende der Pandemie – Tag der Freiheit« mit knapp 20 000 Teilnehmenden eine ihrer größten Demonstrationen ausrichten können – ohne Masken, ohne Abstand.[2] An jenem Tag wehten Peace-Fahnen und Reichsflaggen im Wind. Eine neue Mischszene wurde sichtbar. Wenig später offenbarte sich eine neue Radikalität: Am 29. August stürmten

Demonstrierende aus einer Querdenken-Demonstration heraus die Treppen des Reichstages. Mit 38 000 Demonstrierenden übertraf »Querdenken« ihren eigenen Erfolg vom Anfang des Monats. Auf der Straße waren auch Mitglieder der Alternative für Deutschland (AfD) und der Nationaldemokratischen Partei Deutschlands (NPD – heute Die Heimat), Reichsideologie- und Völkisch-Bewegte, Holocaustleugnende und Kameradschaftsanhänger. Den Anstoß, zum Bundestag zu gehen, hatte Tamara Kirschbaum in einer kurzen Rede gegeben. Die Heilpraktikerin hatte erwähnt, dass Donald Trump sich in Berlin aufhalte. Ihm, ihrem Star, der gegen das liberale Establishment und den *Deep State* vorgehen würde, wollten sie zeigen, dass sie »die Schnauze gestrichen voll haben«.[3] Auch in anderen Städten und Gemeinden kam ab 2020 diese Szene bei weiteren Kundgebungen und sogenannten Spaziergängen zusammen. Sie feierten sich selbst, unterliefen teils Demonstrationsauflagen und widersetzten sich Polizeikräften. Aus einer »Festgemeinschaft« wurde eine »Leidensgemeinschaft« und aus ihr eine »Widerstandsgemeinschaft«, schreiben Oliver Nachtwey, Robert Schäfer und Nadine Frei in einer der ersten Studien zum Querdenken-Milieu 2020.[4] Das Love-Peace-Happening mutierte zu einer Hate-Community. Kritik von jenseits der neuen Gemeinschaft wurde als Angriff empfunden, entsprechend setzte der Abwehrmechanismus ein. Sie störten sich daran, angeblich als »Nazis« bezeichnet zu werden. Ihnen wurde jedoch nicht vorgehalten »Nazis zu sein«, sondern mit Rechtsextremen zu demonstrieren, sie in ihren Reihen zu tolerieren und sie dadurch gesellschaftsfähig zu machen. Befürchtungen, die am 7. November 2020 während einer Querdenken-Demonstration in Leipzig zu erleben waren. Bei der Demonstration durchbrachen auf dem Innenstadtring Rechtsextreme die Polizeikette. Anschließend liefen »viele Demonstrierende mit Fackeln und Kerzen, tanzend und singend zu ›We are the Champions‹«[5] auf dem Ring. Die Befürchtungen sollten sich auch im Prozess gegen die »Vereinten Patrioten« als zutreffend erweisen. Seit dem 17. Mai 2023 müssen sich vor dem Oberlandesgericht Koblenz Elisabeth R., Thomas O., Michael H., Thomas K. und Sven B. wegen der »Bildung einer terroristischen Vereinigung« verantworten. Die Angeklagten aus dem Reichsideologie- und Querdenken-Milieu wollten unter anderem Bundesgesundheitsminister Karl Lauterbach (SPD) entführen. Die »Tötung seiner Personenschützer« kalkulierten sie laut Anklage mit ein.[6]

Die Entgrenzungen sind nachhaltig und reichen bis in die Gegenwart. Im Aufruf zum 3. August 2024 hebt »Querdenken – 711 Stuttgart« zwar hervor, dass »Extremismus, Gewalt, Antisemitismus und menschenverachtendes Gedankengut« bei ihnen »keinen Platz hat«.[7] Allerdings trug ein Teilnehmer eine *Compact*-Fahne mit der Parole: »Ami go home«.[8] Schon früh hatte das rechtsextreme Magazin »Querdenken« begleitet. In der September-Ausgabe 2020 schwärmt unter dem Titel »Revolution der Herzen« Jürgen Elsässer vom »Sommer der Liebe«. Den Chefredakteur erfreuen die Allianzen über die politischen Grenzen hinweg. Die allermeisten kämen angeblich aus der Mitte der Gesellschaft, »und wo man von links und rechts sprechen kann, so dürfte dieser Widerspruch eher befriedet durch die Individuen hindurchgehen, als Gräben bilden, zwischen ihnen stehen«. Und er zitiert Michael Ballweg: »Für mich steht das Q für Questions, eine Gruppe von Nachdenkern und Fragestellern.«[9] Das Aufgreifen der QAnon-Narrative spiegelt die Bedeutung, das Zitat die Verharmlosung.

Mit dem Label »Querdenken« hatten ihre Gründer*innen bewusst einen eher positiv besetzten Begriff aufgegriffen, der nun neu belegt ist. Relativierungen beginnen meist mit solchen Bedeutungsverschiebungen der Termini. Auch der positiv konnotierte Begriff der »Freiheit« wurde aufgegriffen und mit einer Bedeutung versehen, die in das ideologische Konzept passt. Auf den Demonstrationen in Berlin am 1. August 2020 und am 29. August 2020 sprach man vom »Tag der Freiheit« und der »Versammlung für die Freiheit«. In einer Sonderausgabe von *Compact* mit dem Titel »Tage der Freiheit« werden Reden, Interviews und Fotos der zwei Demonstrationen dokumentiert.[10] Dort kann man den Redebeitrag von Michael Ballweg nachlesen. »Das Freiheitsvirus hat Berlin erreicht«, sagt der Begründer von »Querdenken« und spielt einerseits auf das Covid-19-Virus an und andererseits auf die Proteste, die sich vermeintlich ebenso schnell ausbreiten würden.[11] Die Botschaft, die im Heft vermittelt wird: Wenn diese Tage im August 2020 Tage der Freiheit waren, dann waren alle anderen während der Pandemie Tage der Unfreiheit. Und tatsächlich wähnten sich etliche der Demonstrierenden während der Hochzeit der Pandemie in einer Diktatur. Von einer DDR 2.0 oder gar Faschismus redeten sie. Aus der Gleichsetzung der bundesdeutschen Regierung und ihrer Behörden mit zwei grundsätzlich verschiedenen deutschen Staaten leiten sie ein Widerstandsrecht ab. Sie relativierten die Verbrechen der jeweiligen Staatsformen. Eine weitere Relativierung der historischen Wirklichkeit war auf den Demonstrationen regelmäßig zu finden: Bezugnehmend auf die Verfolgung jüdischer Menschen im Nationalsozialismus trugen einige Teilnehmer*innen auf den Demonstrationen einen gelben Stern. Den sogenannten Davidstern mussten jüdische Menschen von 1941 bis 1945 sichtbar tragen. Auf einer Kundgebung am 21. November 2020 in Hannover setzte sich in ihrer Rede eine »Jana aus Kassel« mit der Widerstandskämpferin Sophie Scholl von der Weißen Rose gleich, die 1943 hingerichtet worden war. Sowohl durch die Symbolik als auch die Rhetorik werden Opfer und Widerständige des Nationalsozialismus verhöhnt.

Begriffe wie Freiheit, Grundrechte und Selbstbestimmung sind für Querdenken zentral. Dass sie mit dem Festhalten an ihrem Grundrecht auf Unversehrtheit die Grundrechte anderer gefährden, blenden sie allerdings aus. Alleine ihr Selbstbestimmungsrecht gilt. Die Bundesregierung musste in Abwägungen dieser Rechte staatliche Entscheidungen für alle Menschen treffen. Kompromisse, die die Regierung zwischen den jeweilige Rechtswerten auch bei den Impfmaßnahmen abwog. Die Querdenker*innen nutzten die schwierige Situation, um sich »als mutige« Kritiker*innen zu inszenieren. »Ihre Kritik wird durch die Tatsache legitimiert, dass es sich um Kritik handelt«, die letztlich einen »Eigenwert bekommt, sie wird zum Hauptzweck«,[12] so die Sozialwissenschaftler*innen Nachtwey, Frei und Schäfer. Sich links verortenden Parteien und Organisationen wurde vorgehalten, ihre kritische Haltung zum Staat nicht nur abgelegt zu haben, sondern die staatlichen Maßnahmen gegen die Pandemie mit durchzusetzen. Gemeint waren zum Beispiel Maskenregeln bei Aktionen von Gewerkschaften oder Impfüberprüfungen bei Events in linken Kulturprojekten. Die einst Antiautoritären seien die neuen Autoritären. Sie wurden als »Schlafschafe« bezeichnet, die die »Wissenden« diffamieren und bekämpfen. Dass auch Parteien, Gewerkschaften, Sozial- und Bildungsverbände gegenüber den beschlossenen Maßnahmen Kritik übten, wurde verschwiegen. Die »Querdenker« verkannten ebenfalls, dass viele der Entscheidungen nicht aus einem autoritären Staatsverständnis mitgetragen wurden, sondern auf Grundlage eines reflektierten Wissenschaftsverständnisses. Und dies im Wissen darum, dass die Maßnahmen ausgehend vom jeweiligen Erkenntnisstand getroffen wurden und möglicherweise zu einem späteren Zeitpunkt aufgrund neuer Erkenntnisse revidiert werden müssen.

Der Vorwurf gegenüber den vermeintlich Ex-Antiautoritären scheint auch ein Disput im alternativen Milieu zu sein. In der Studie *Politische Soziologie der Corona-Proteste* gaben 23 Prozent der Befragten an, bei der Bundestagswahl 2017 die Grünen gewählt zu haben, und 18 Prozent haben der Partei Die Linke ihre Stimme gegeben. Mit diesen Werten lagen beide Parteien im Vergleich zu den anderen Parteien weit vorn. Allerdings führten 27 Prozent an, bei der Bundestagswahl 2021 die AfD zu wählen und 18 Prozent dieBasis, eine Partei aus dem Querdenken-Milieu. Nur noch fünf Prozent würden Die Linke wählen und ein Prozent Die Grünen.[13] Deutlich wird hier, dass die Bindung an eine Partei zunehmend schwindet, was bereits seit einigen Jahren diskutiert wird. Der Absturz von Grünen und Linken lässt vermuten, dass beide Parteien nicht immer aufgrund einer gefestigten politischen Einstellung gewählt wurden und eine Abwanderung der Wähler*innen mit enttäuschten Erwartungen im Zuge von Corona einherging. Die im Rahmen der Studie gegebene Antwort auf die Frage zum zukünftigen Wahlverhalten spiegelte sich in den Ergebnissen zur Bundestagswahl 2021 wider. Nach einer Forsa-Umfrage gaben 50 Prozent der nicht geimpften Befragten an, ihre Stimme der AfD gegeben zu haben.[14]

Die Wähler*innenwanderung von links nach rechts kann noch weiteren Wendungen geschuldet sein. So betonen die Soziologen Steffen Mau, Thomas Lux und Linus Westheuser, dass das ökologische Denken in Teilen des sozialen Milieus, das sich Bio-Produkte leisten kann, »in erster Linie als Frage eines Lebensstils verstanden« werde. Die »Lebensweise« werde zum »Identitätsmarker«.[15] Eine Distinktion, ein Stil – keine ideologische Selbstverortung. Triggerpunkte und Themen, die eine*n berühren und/oder betreffen, genügen für emotionale Diskussionen und politische Dispute. In diesem Kontext sprechen die Soziologen unter anderem von »Verhaltenszumutungen«. »Auf einmal muss man …« und »Man darf nicht mehr …« sind die Refrains der derart Getriggerten, die denken, »dass andere einem vorschreiben« wollen, »wie man zu leben hat«.[16]

Die Folgen sind Debatten über das Fahren von SUVs, vegane Ernährung oder Gendern. Der Plantbullar bei IKEA wird dann nicht bloß als eine vegetarische Alternative zu Köttbullar gesehen. Er könnte als vermeintlicher Trend der Umerziehung wahrgenommen werden.

Die Maßnahmen in der Pandemie triggerten enorm. In dieser Zeit wurde Christian Drosten von Maßnahmen-Gegner*innen und Coronaleugner*innen als der Feind schlechthin markiert. Die »Querdenker« machten den Professor für Virologie und Direktor des Instituts für Virologie der Charité Berlin direkt für die staatlichen Maßnahmen verantwortlich. Rückblickend erklärt Drosten in einem 2024 geführten Interview nicht nur die Abwägungen von Einschränkungen, er geht auch auf die wissenschaftliche Arbeitsweise ein: »Naturwissenschaftliche Inhalte sind ja erst einmal frei von Meinung. Da gibt es Unsicherheiten, und die sind Gegenstand der Forschung, dadurch wird das Wissen immer besser, man tastet sich an die Erkenntnis heran. Und über diesen Vorgang, über diese grundsätzliche Neutralität, mit der man eine Sache betrachtet, ist man sich im Wesentlichen einig.« Weiter führt er aus: »In der Öffentlichkeit ist aber das Gefühl entstanden, dass naturwissenschaftliche Inhalte auch so etwas sind wie Meinung. Da ist dieser Professor und jene Expertin, die hält man für Fachwissenschaftler für Pandemien. Und dann scheinen die unterschiedliche Meinungen zu haben, ohne die Hintergründe genauer zu erklären. Unser Leben ist aber bestimmt von Naturkonstanten, der Tag hat 24 Stunden und das Wasser friert bei null Grad, darüber ist man sich einig. Die Tatsache, dass in einem naturwissenschaftlichen Kontext scheinbar unterschiedliche Meinungen möglich sind, dass Faktenwissen plötzlich relativ wird, das streut eine grundsätzliche Verunsicherung in der Bevölkerung.«[17]

Diese Verschiebung beschleunigt post-faktische Diskussionen. Expert*innen mit alternativen Meinungen treten auf und Kritiker*innen erscheinen selbst als alternative Expert*innen. In Interviews geben sie allerdings an, »rational« zu argumentieren, »wenn es darum geht, die Gefährlichkeit des Virus zu relativieren«. Doch eigentlich werden fast ausschließlich »verschwörungstheoretische Erzählungen« wiedergegeben,[18] heben Nachtwey, Frei und Schäfer hervor. Der Clou: Die eigenen Expert*innen oder die eigene Expertise werden als alternative Wahrheiten postuliert und nicht mehr hinterfragt. Aus der Kritik an Maskendeals kann eine Maskenverschwörung werden, die Kritik gegenüber dem Einfluss der Pharmalobby wird zur Impfverschwörung. Wenn aber wissenschaftlich *State of the Art* ist, dass die Maßnahmen dienlich sind, die Kritik mit alternativem Wissen weiter anhält, verliert diese Kritik ihre Relevanz. Aus einer Wissenschaftskritik wird so möglicherweise Wissenschaftsfeindlichkeit.

Leo Löwenthal, Mitbegründer der Kritischen Theorie, beobachtet bereits in den 1940er Jahren die Gefährdung der Demokratie durch »Krisenpropheten«, die sich aufspielten, als einzige die vermeintlichen Machenschaften des »imaginären Feindes« zu durchschauen und angeblich den Weg aus der Krise zu wissen. Seine Analyse von »Flugschriften, Zeitschriften und Reden« kommt zu dem Ergebnis, dass »der Agitator« die »legitimen Gründe der Verzweiflung« ausnutzt, »um in einer Scharade der Verzweiflung zu schwelgen«. »Durch die Anhäufung von erfundenen Schrecken auf wirkliche werden die Zuhörer intellektuell auf den Weg des geringsten Widerstandes getrieben.« Alle »Dinge, welche die Leute verwirren, werden auf einen gemeinsamen Nenner gebracht«:[19] Wir gegen die, die einfachen Leute gegen das korrupte Establishment. Dass »der Agitator« selbst einer reichen Elite angehört, überblendet er. Er redet von »Mann zu Mann«. Mehr noch: Um sich als Retter oder Erlöser gerieren zu können, muss er als »Wortführer der Apokalypse und Träger der Unzufriedenheit« eine »Atmosphäre der familiären Wärme und Geborgenheit« ausstrahlen. Diese Inklusion impliziert die radikale Exklusion der markierten Feinde. »Der Agitator« und seine Anhänger*innen ergehen sich »in Fantasien«, deren »Inhalt die Vernichtung der von ihnen beneideten oder verhaßten Menschen ist«.[20] Eine Blaupause für alle Donald Trumps.

Aus politischen Gegner*innen werden so Feinde. Ein Prozess, der mehr als eine semantische Verschiebung ist. Die Enthemmungen gegen die im politischen Diskurs als Feinde Ausgemachten sind nicht lediglich verbale Entgleisungen. Mit Gegner*innen setzt man sich auseinander. Feinde hingegen werden ausgegrenzt oder vernichtet. Zu beobachten, wie heute so häufig, in den sozialen Medien, die als »Ventil für den Bürgerzorn« dienen, schreibt Angelika Censebrunn-Benz. Für manchen »Shitstorm« der »Entrüstungen und Beleidigungen« sind *Fake News* für eine vermeintliche Legitimierung vollkommen ausreichend. *Hate Speech* und *Fake News* wechseln sich ab, gehen ineinander über.

In Posts, Memes und E-Mails oszillieren die Anfeindungen zwischen Beleidigung, Lächerlichmachung und Herabwürdigung bis hin zu Todes-, Gewalt- und Vergewaltigungsandrohungen. Diese Verrohung stellt eine reale Bedrohung dar, die »besonders häufig junge Frauen, aber auch Personen mit Migrationshintergrund und Menschen mit homo- oder bisexueller Orientierung« trifft, stellt das Kompetenznetzwerk »Hass im Netz« fest.

In ihrem Forschungsbericht aus dem Jahr 2024 legen Lukas Bernhard und Lutz Ickstadt dar, dass Internetnutzer*innen am häufigsten aggressive Äußerungen gegen »Politiker*innen richten (60 Prozent), gefolgt von Geflüchteten (58 Prozent) und Aktivist*innen (54 Prozent)«. »41 Prozent der Betroffenen sagen, dass sie aufgrund ihrer politischen Meinung angegriffen wurden. Besonders Wähler*innen von Bündnis 90/Die Grünen sind hiervon stark betroffen.« Die Politiker*innen der Partei nicht minder. So sagt Hannah Neumann: »Digitale Shitstorms sind Alltag«. Sie seien »immer sexistisch, persönlich und primitiv«, erzählt die Europaabgeordnete der Grünen im Mai 2024 der *taz (die tageszeitung)* und fährt fort: »Die AfD löste einmal online mit einem Bild von mir und der Botschaft: ›Diese Frau will 1000 IS-Terroristen nach Deutschland holen – sag ihr Deine Meinung‹ eine Flut brutaler digitaler Bedrohung gegen mich aus. Mit solchen Attacken wollen Rechtsextreme Frauen entmutigen und mundtot machen. Wir sollen ruhig sein, kochen und kuschen.« Der Hass ging vom digitalen Raum in den analogen Raum über. Die Fassade des Mehrfamilienhauses, in dem sie wohnte, wurde offensichtlich gezielt mit Plakaten zum »Wahlboykott« beklebt. Ihre Reaktion: »Standhaft bleiben.«

Hass und Hetze treffen die Betroffenen ganz persönlich, weil sie weiblich, migrantisch und/oder divers sind. Ihre Persönlichkeit symbolisiert für die *Hater* aber mehr. In ihnen sieht er/sie Repräsentant*innen für eine offene Gesellschaft, geprägt von Liberalität, Diversität und Empathie. In ihnen erkennt er/sie den Feind einer homogenen Gemeinschaft. Den passenden Kampfbegriff liefert Jörg Meuthen. Auf dem AfD-Bundesparteitag in Stuttgart am 30. April und 1. Mai 2016 beklagt der damalige Bundessprecher die »links-rot-grüne-verseuchte 68er-Republik«. Standing Ovations erfolgten und festigten die »kollektive Identität« für ihren Kulturkampf. In diesem Milieu dient »68« als »Chiffre« (Detlev Claussen) für Emanzipation, Liberalisierung und Diversität, welche abzulehnen und abzuwehren sind.

Einer der Ideengeber des Rechtsextremismus, Carl Schmitt, pocht schon 1932 auf die »spezifische Unterscheidung« von »Freund und Feind«. Die Darlegung des Philosophen aus dem Spektrum der »Konservativen Revolution« kann hier als Definition von »Feind« mitgedacht werden: »Der politische Feind braucht nicht moralisch böse, er braucht nicht ästhetisch hässlich zu sein [...] Er ist eben der andere, der Fremde und es genügt zu seinem Wesen, daß er in einem besonders intensiven Sinn existenziell etwas anderes [...] ist, so daß im extremen Fall Konflikte mit ihm möglich sind, die weder durch eine im Voraus getroffene generelle Normierung, noch durch den Spruch eines ›unbeteiligten‹ und daher ›unparteiischen‹ Dritten entschieden werden können.«[21] Eine Diskussion, eine Konsenssuche, erscheint unnötig. So darf Schmitt verstanden werden. Ebenfalls aus einer antidemokratischen Position mit antiparlamentarischer Implikation argumentiert auch ein

Epigone von Schmitt und Co., Götz Kubitschek. Dem folgend führt der Mitbegründer des »Instituts für Staatspolitik« (IfS) in seinem programmatischen Text *Provokation* aus dem Jahr 2007 aus: »Unser Ziel ist nicht die Beteiligung am Diskurs, sondern sein Ende als Konsensform, nicht ein Mitreden, sondern eine andere Sprache, nicht der Stehplatz im Salon, sondern die Beendigung der Party.« Und er betont: »Uns liegt nicht viel daran, daß Ihr unseren Vorsatz versteht. Wozu sich erklären? Wozu sich auf ein Gespräch einlassen, auf eine Beteiligung an einer Debatte? Weil Ihr Angst vor der Abrechnung habt, bittet Ihr uns nun an einen Eurer runden Tische? Nein, diese Mittel sind aufgebraucht, und von der Ernsthaftigkeit unseres Tuns wird Euch kein Wort überzeugen, sondern bloß ein Schlag ins Gesicht.«[22] Die Option des Angriffs wird auch in der Wiederveröffentlichung in einem Sammelband von Götz Kubitschek mit der Formulierung von einem »geistigen Bürgerkrieg gegen die Lobbyisten der Zersetzung« relativiert.[23] Der beschworene Wagemut ist allerdings bei Kubitschek, der auch den Antaios Verlag verantwortet, wohl etwas abgekühlt. Das IfS stufte das Bundesamt für Verfassungsschutz als »gesichert rechtsextrem« ein. Die Konsequenz: Das Institut für Staatspolitik wurde aufgelöst. Die Nachfolgeorganisationen firmieren seit 2024 unter den Namen »Menschenpark Veranstaltungs UG« und »Metapolitik Verlags UG«.

Der Freund-Feind-Dualismus verschärft *Fake News* oder *Fake Studies*. In den erfolgreichen *Fakes* floriert eine Ambivalenz: »Fehlinformation [...] ist meistens nicht einfach falsch, sondern ein Mischprodukt. Das Rezept besteht in der passenden Vermengung von Wahrem und Falschem«, zitiert die Germanistin Nicola Gess die Philosophen Vincent F. Hendricks und Mads Vestergaard. Doch schon »Halbwahrheiten« setzen »Spekulationen« frei. Diese Halbwahrheiten können auf »tatsächlichen Ereignissen« und »fiktiven Inhalten« beruhen. Denn »der Lügner« sei »an die Wahrheit gebunden«. Halbwahrheiten Erzählende seien, Gess zufolge, an die »narrative Kohärenz oder die Konsensfähigkeit einer Aussage« gebunden. Bei den »Rekonfigurationen«, dem »›misleading content‹«, seien »zwar einige korrekte Informationen enthalten, deren Details aber so reformuliert, selektiert und in neue Kontexte gestellt werden, dass sie falsch oder irreführend sind«.[24] Diese diskursiven Prozesse werden durch den virtuellen Raum verstärkt, wobei soziale Medien ein »hybrider Ort der öffentlichen Meinungsbildung« sind. Falsche Informationen existieren neben fundierten Analysen. Der anhaltende Wandel von wissenschaftlichen Aussagen zu bloßen Meinungen kann täglich bei X verfolgt werden. Drosten pointiert: »Und irgendwann glaubt man womöglich gar nichts mehr, man hat das Gefühl, alles ist irgendwie relativ.«[25] Laut Gess müsse von »einer Konjunktur« alternativer Realitäten gesprochen werden.[26] Die Konsequenz: Ein demokratisch geführter Streit kann ohne eine geteilte Wirklichkeit kaum bis gar nicht stattfinden. Diese konsensuale Basis bedarf politischer Diskussionen. Sie können jedoch nur gelingen, wenn wir uns in einer gemeinsam ausgehandelten Realität bewegen. Hannah Arendt warnt im Kontext vor Lügen, die hier auch für Verschwörungsnarrative stehen können: dass, wenn Lügen die Tatsachen ersetzen, »das Resultat« sein kann, »daß der menschliche Orientierungssinn im Bereich des Wirklichen, der ohne die Unterscheidung von Wahrheit und Unwahrheit nicht funktionieren kann, vernichtet wird«.[27]

Krisen und Versuchungen

Die Sehnsucht nach einem Irgendwie-wie-früher ist längst in der gesellschaftlichen Mitte virulent. In unsicheren Zeiten wird eine vermeintlich sichere Enklave gesucht. Die einst so abgesicherte Bundesrepublik erscheint mehr und mehr als ein unsicheres Land. Frieden schien selbstverständlich, die Bahn fuhr pünktlich, die Altersversorgung war garantiert. Das alles wankt und wackelt. Ganz persönlich und ganz privat: Heizungsgesetz hin oder her, Handwerker*innentermine schnell möglich oder erst später, Besuch einer fachärztlichen Praxis kaum zeitnah absehbar. Am Platz schließt die Apotheke, eine Beratungsstelle eröffnet. Aus einem Restaurant wird eine Obdachlosenhilfe. Die Sachverhalte führen zu einer Schlussfolgerung: Die Republik ist nicht mehr in der Lage, Lebensplanungssicherheit und -standards gewährleisten zu können. Und die individuellen Erfahrungen führen zu politischen Verallgemeinerungen. Eine Umfrage des Verbraucherzentrale Bundesverbandes ergab im

September 2024, dass »mehr als zwei Drittel (69 Prozent) der Menschen [...] mit Sorge in ihre persönliche Zukunft« schauen. »45 Prozent erwarten, dass sich ihre Situation [...] in den nächsten zehn Jahren verschlechtern wird.« In der Altersgruppe der 18- bis 29-Jährigen glauben das sogar 52 Prozent.[1]

Die Pandemie führte bei Schüler*innen zu Bildungsrückständen und psychischen Belastungen und löst nach wie vor Geschäftsaufgaben und Firmeninsolvenzen aus. Die mit Covid-19 einhergehende Zwangslage kann als erste tiefgreifende Gesamtkrise in der Bundesrepublik wahrgenommen werden. Erstmals nach 1945 griff der Staat massiv ins alltägliche Leben der Menschen ein, entschied, wie der Lebens- und Berufsalltag verlaufen soll, wann die eigenen Eltern im Altenheim und behinderte Menschen in Betreuungseinrichtungen besucht werden dürfen, wann Kinder und Jugendliche in die Kindertagesstätten oder in die Schulen gehen konnten.

Die Wiedervereinigung erschütterte vor allem die neuen Bundesländer, die in den 1990er Jahren einen »Turbowandel« erfuhren, »der mit großen Restrukturierungen verbunden war und neben Freiheiten auch ökonomische Deklassierungen und Unsicherheiten mit sich brachte«,[2] hebt der Soziologe Steffen Mau in seinem Buch »Ungleich vereint« hervor. So verloren in den ersten Jahren nach der Vereinigung vier von fünf Ostdeutschen ihren Arbeitsplatz.[3] Von 1991 bis 2005 stieg die Arbeitslosenquote von 10,2 Prozent auf 20,6 Prozent. In Westdeutschland lag die Quote 2005 bei 11 Prozent.[4] Daraus entstanden Verunsicherungen in den Familien, die auch generationsübergreifend weiter triggern – als latente Angst vor dem Verlust des Arbeitsplatzes, der Wohnung und an Sicherheit. Daniel Mullis betont, dass in den »frühen 1990er Jahren« im Osten die »Hoffnung, in die Demokratie und insbesondere in die Marktwirtschaft« hoch war. Und der Humangeograph führt weiter aus: »Umso stärker war dann die Enttäuschung, als sie nicht erwartungsgemäß erfüllt wurde.«[5] Diese Enttäuschungen durch die Wiedervereinigung erfassten die alten Bundesländer nicht. Die staatlichen Pandemiemaßnahmen lösten aber bundesweit konkrete Existenzsorgen aus. Kann die Miete gezahlt, das Haus weiter abbezahlt werden, reicht das Geld fürs Alltägliche oder gar für etwas Besonderes? Die eigenen Privilegien sind einigen vielleicht auch erst während der Lockdowns bewusst geworden. Haus mit Garten, Homeoffice, mehrere Computer und Smartphones.

Die Krise der Pandemie war und ist eine Krise zwischen Prekären und Privilegierten. Schon »das Infektionsrisiko einer Person« hing von »ihren Arbeits-, Wohn- und Lebensbedingungen ab. Wer einen größeren räumlichen Abstand zu seinen Mitmenschen halten konnte, hatte ein geringes Ansteckungsrisiko«, konstatiert der Politikwissenschaftler Christoph Butterwegge. »Nicht nur konnten Angehörige der Mittel- und Oberklasse einem erhöhten Infektionsrisiko durch Homeoffice entgehen, sie wurden auch viel schneller geimpft als Angehörige der Arbeiterklasse«, ergänzen die Soziolog*innen Oliver Nachtwey, Nadine Frei und Robert Schäfer.[6]

Die staatlichen Reaktionen auf die Pandemie verstärkten die ökonomische Kluft. Das Motto der Konjunkturpakete von CDU, CSU und SPD hätte lauten sollen: »Wer wenig hat, muss besonders viel, und wer viel hat, muss entsprechend wenig Unterstützung seitens des Sozialstaates bekommen«, schreibt Christoph Butterwegge und zeigt auf, dass von den vom Bundesfinanzministerium bereitgestellten 130 Milliarden Euro Unternehmen und Eigentümer*innen 100 Milliarden Euro zugutekamen, während Arbeiter*innen, Rentner*innen, Transferleistungbeziehende, Studierende und Familien »sich die restlichen 30 Milliarden Euro teilen« mussten.[7]

Keine Frage, mit den Hilfen für die Unternehmen wurde auch den Beschäftigten geholfen, da sie in Arbeit blieben. Unbeantwortet bleibt, wie es zu der enormen Bereicherung inmitten der Pandemie kommen konnte. Nach einer »Auflistung der 1000 reichsten Deutschen« in der *Welt am Sonntag,* so Christoph Butterwegge, wuchs deren Vermögen »um 300 Millionen auf 41,8 Milliarden Euro an«. Die Gewinne wurden privatisiert, die Verluste sozialisiert. »Durch die neuerliche Schock-Politik kommt es wie in früheren Krisen zur dauerhaften Stärkung der ohnehin Mächtigen, die keine Rücksicht auf Gesellschaft und Natur nehmen«, zitiert Butterwegge den Politikwissenschaftler Ulrich Brand.[8] Jene, die in der Zeit der Pandemie ans Band in der Fabrik oder an die Kasse im Supermarkt mussten, im Krankenhaus oder Altenheim arbeiteten, waren in der Berufswelt die am meisten gesundheitlich Gefährdeten. Erneut offenbart sich »allen neoliberalen Beteuerungen zum Trotz«, was Bob Jessop grundsätzlich aufzeigt: »Die Kapitalakkumulation [basiert] auf der marktvermittelnden Ausbeutung von Lohnarbeit, die behandelt wird, als ob sie eine Ware wäre, und nicht auf der vermeintlichen Effizienz freier Märkte.«[9]

Die Krise der Pandemie ging schnell über in die Krise, die durch den Angriffskrieg Russlands auf die Ukraine verursacht wurde. Allerdings kann aufgrund der Nachwirkungen der Pandemie nicht von einer Ablösung gesprochen werden, sondern eher von einer Überlagerung. Mit Beginn dieses Kriegs am 20. Februar 2022 stiegen auch in Deutschland die Lebensmittel- und Energiepreise. Die Daten der Verbraucherzentrale aus dem August 2024 dokumentieren, dass Nahrungsmittel »knapp 30 Prozent mehr als vor drei Jahren« kosteten.[10] Dies bestätigen Statistiken. Die Band Kettcar lieferte mit »Einkaufen in Kriegszeiten« den Song zur Situation: »Die Kundin vorn an der Kasse fängt plötzlich lauthals zu schreien an / Im Einkaufswagen Rotkäppchen Sekt und Salzstangen / Früher ist man für das Geld mit zwei Tüten hier raus / Und jetzt im Würgegriff des Schweinesystems wieder nach Haus!«[11]

Neu verhandelt wurde auch das »Wir schaffen das!«. Mit dem Kommen der ukrainischen Geflüchteten zeigte sich, dass die Krise der Flüchtlingspolitik von 2015 weiter schwelte. Der Satz der ehemaligen Bundeskanzlerin Angela Merkel (CDU) galt 2023/24 nicht mehr als Leitmotiv. Der Bundestagsfraktionsvorsitzende und Bundesvorsitzende der CDU Friedrich Merz verschärfte bewusst den Konflikt mit der pauschalen Aussage, Jungen mit arabischer Migrationsgeschichte seien »kleine Paschas«.[12] In der anhaltenden Diskussion misst sich die Akzeptanz der hier Ankommenden nicht so sehr daran, aus welchem Kriegsgebiet sie geflohen sind, sondern welche Hautfarbe ihnen zugeschrieben wird. Land und Kommunen signalisieren mittlerweile: »Wir können nicht mehr.« Niedersachsens

Innenministerin Daniela Behrens (SPD) erklärte 2023, dass der »sehr hohe [...] Zulauf von Geflüchteten« »auf Dauer der Gesellschaft nicht zuzumuten« sei.[13] Die Gewalttaten von Menschen, die Schutz in der Bundesrepublik suchen, bestärken Vorurteile und Verunsicherungen. Der Messeranschlag in Solingen beim »Festival der Vielfalt« am 23. August 2024 durch Issa al Hassan wurde parteiübergreifend zum Anlass genommen, um eine noch restriktivere Asyl- und Einwanderungspolitik voranzutreiben. Bei dem mutmaßlich islamistischen Terroranschlag tötete der Geflüchtete aus Syrien in der nordrhein-westfälischen Stadt drei Menschen, verletzte acht weitere, vier von ihnen lebensgefährlich. Nach »lebensgefährlich«: Der Anschlag mit einem Auto auf dem Weihnachtsmarkt in Magdeburg 2024 verschärfte die Diskussion. Am 20. Dezember raste Taleb al-Abdulmohsen durch die Rettungsgasse, sechs Menschen starben, mindestens 299 Menschen wurden verletzt.

Der vom Islamischen Staat (IS) beanspruchte Anschlag in Solingen weckte bei der Mitte der Gesellschaft die Befürchtung, erneut in einen globalen Konflikt hineingezogen zu werden.

Diesen Effekt löste auch der terroristische Angriff der islamistischen Hamas am 7. Oktober 2023 auf die israelische Zivilbevölkerung aus. In der Folge der militärischen Reaktionen der israelischen Regierung wurde der Israel-Palästina-Konflikt in Deutschland auf der Straße, aber auch an Universitäten ausgetragen. Ende Januar 2024 musste der Antisemitismusbeauftragte der Bundesregierung, Felix Klein, ausführen, dass allein in den vorangegangenen hundert Tagen das Bundeskriminalamt (BKA) 2249 antisemitische Straftaten erfasste.

Ein massiver Anstieg der Anfeindungen. 2022 registrierte das BKA insgesamt 2874 antisemitische Straftaten.[14] »Der Aufruf nach mehr Empathie gegenüber den ›Anderen‹ ist an sich zu begrüßen«, schreibt Meron Mendel. In diesem Zusammenhang konstatiert der Direktor der Bildungsstätte Anne Frank in seinem Buch *Über Israel reden:* »Bezeichnend ist aber, dass er oftmals Hand in Hand geht mit der Empathielosigkeit gegenüber Juden.« Doch das Aufrechnen von Tod und Leid führe zu keiner Lösung des Israel-Palästina-Konflikts. Die Verbrechen in der Kolonialzeit und im Nationalsozialismus sollten ebenso wenig gegeneinandergestellt werden, meint Mendel.[15]

Diese unstrittigen Krisen gehen schon lange mit einer der strittigsten Krisen einher: dem anthropozentrischen Klimawandel. Bei der Flutkatastrophe im Ahrtal 2021 starben in Rheinland-Pfalz und Nordrhein-Westfalen 135 Menschen. In diesem Zusammenhang setzte man sich in Politik und Medien verstärkt mit den möglichen Auswirkungen des Klimawandels durch die Arbeits- und Lebensweisen des Menschen – überwiegend im Norden des Planeten – auseinander.[16] In der Studie *Die distanzierte Mitte* zu rechtsextremen Einstellungen stellten die Soziolog*innen Fritz Reusswig und Beate Küpper für die Jahre 2022/23 fest, dass 70 Prozent der Befragten den »Klimawandel als eine ›große Gefahr für das Land‹« einschätzen. Doch die Umsetzungen und Überlegungen aus der ehemaligen Bundesregierung von SPD, Grünen und FDP scheinen der Transformationsbereitschaft zu einer sozio-ökologischen Gesellschaft entgegengewirkt zu haben. 40 Prozent bewerteten die Umsetzung der Energiewende als »schlecht« und 44 Prozent »waren ambivalent«.[17]

Sorgen und Befürchtungen vor individuellen Belastungen und persönlichen Einschnitten können zum Verdrängen und Abwehren führen. Selbst wenn mit jedem Jahr die Folgen des menschengemachten Klimawandels offensichtlicher werden. Im September 2024 stellte der Klimadienst Copernicus den global wärmsten je erfassten Sommer auf der Nordhalbkugel fest. Ein ganzes Jahr lag die Temperatur über der 1,5-Grad-Marke.[18] Diese Marke hatte die UN-Klimakonferenz in Paris am 12. Dezember 2015 als Erwärmungsgrenze beschlossen,[19] um den globalen Folgen wie Flucht und Vertreibung, Hunger und Krankheiten entgegenwirken zu können. In der Bundesrepublik sind zwar die Verharrungskräfte der Klimaskeptiker*innen klein, die Skeptiker*innen selbst aber laut, heben Fritz Reusswig und Beate Küpper hervor. Vor allem die Wähler*innen der AfD gehörten mit 45 Prozent »zu den klimapolitisch Regressiven«.[20]

Auch wenn viele die Gefahren des Klimawandels anerkennen, lebt vor allem im Globalen Norden niemand ansatzweise klimaneutral. Streaming passt gut in den Tagesablauf, Südfrüchte werden eingekauft und der Urlaubsort ist mit dem Flugzeug schneller und bequemer zu erreichen. Luxus für wenige, dessen Kosten viele tragen. Ein schlechtes Gewissen hält nicht lange an. Schon 1978 legte der Psychiater und Fernsehmoderator Hoimar von Ditfurth in der ZDF-Sendung »Querschnitt« die Folgen eines hohen CO_2-Gehalts in der Atmosphäre dar, schreibt Christian Jakob. Und der *taz*-Redakteur konstatiert: »Das Wissen war da. Interessiert hat es wenige.«[21] Klimaengagierte Menschen ängstigt der Klimawandel, die allgemein besorgten Menschen fürchten »um vertraute Lebensweisen und ihre lieb gewonnenen Gewohnheiten«, betonen Reusswig und Küpper. Jede Gruppe habe ihre »Ängste« und »beide empfinden Wut übereinander«.[22] Diese Polarisierung verbalisiert sich manchmal ganz profan: Aus der Fahrerkapsel des Abschleppfahrzeugs war nur »Scheiße, scheiße« zu hören. Der Fahrer war zu spät zum Abschlepptermin gekommen. »Scheiße, tut mir leid, aber die Baustellen und Radwege. Scheiß Grüne, da hilft nur AfD wählen.« Hier äußert sich lang angestauter Frust. Inwieweit eine weitgehend autofreie Innenstadt ökologisch geboten sein könnte, war in diesem Moment keine Frage, zu komplex. Die vermeintliche Alternative und einfache Lösung für »Probleme« wurde in der Antwort genannt.

Dass eine Krise auf die nächste Krise folgt, ohne dass die eine Krise die andere Krise ablöst, verstärkt die Verunsicherungen. Eine politische Visionslosigkeit trägt dazu bei. Inwiefern die Ängste berechtigt oder unberechtigt sind, spielt dabei keine Rolle. Die ständigen Krisen sind weder Phantasmen noch Verschwörungen. Sie betreffen und treffen alle. Die »entsicherte Unübersichtlichkeit« nehmen Teile der Bevölkerung als »Kontrollverlust« wahr, der »weit über jene Gruppen« hinausgeht, »die derzeit bereits für autoritäre Versuchungen offen sind«, warnen 2020 die Soziolog*innen Wilhelm Heitmeyer und Manuela Freiheit sowie der Erziehungswissenschaftler Peter Sitzer. »Autoritäre Ordnungen werden nicht als Bedrohung angesehen, sondern als Befreiung von der Freiheit in einer offenen Gesellschaft und liberalen Demokratie«, fassen sie zusammen und verweisen auf eine weitaus frühere Feststellung. Im Jahr 1985 bereits diagnostizierte der Soziologe und Philosoph Jürgen Habermas eine »Erschöpfung utopischer Energien«. Und so fragen Heitmeyer, Freiheit und Sitzer: »Sind rechte Bedrohungsallianzen vielleicht nur deshalb so stark, weil liberale Demokratinnen und Demokraten keine Vision haben?«[23]

Derweil bieten Antidemokrat*innen unterschiedlichster Couleur eine Vision an: eine vormoderne, homogene Gemeinschaft, ethnisch und kulturell gleich. Die Krise als Chance ist nicht bloß eine spirituelle Aufforderung. Im rechtsextremen Milieu werden Bedrohungsszenarien vom Untergang des »christlichen Abendlandes« bis zum »Großen Austausch« immer wieder heraufbeschworen und finden Anklang in größeren Teilen der Bevölkerung – ohne das apokalyptische Ende kein politischer Erfolg. Den »Untergang des Abendlandes« besang der Philosoph Oswald Spengler bereits 1918 und 1922 in dem gleichnamigen zweibändigen Werk. Der Philosoph aus der Konservativen Revolution sieht den »letzten Kampf [...] zwischen Geld und Blut«. Den Sieg werde jedoch »die Herkunft des Cäsarismus« erstreiten. Dieser werde »die Diktatur des Geldes und ihrer Waffe, der Demokratie«, brechen.[24] Ein weiterer Herr aus dem »Gruppenbild ohne Dame« (Stefan Breuer)[25] jammert nicht minder besorgt: Der Jurist Edgar Julius Jung beklagte 1927 schon im Titel *Die Herrschaft der Minderwertigen* und begrüßte in einer Neuauflage 1930 im Untertitel »Ihr[en] Zerfall und ihre Ablösung durch ein Neues Reich«.[26] Die Konservativen Revolutionäre eint der Hass auf die Demokratie und den Liberalismus sowie auf die Emanzipation und Egalität.

Schon lange vor den gegenwärtigen Krisen hofft Götz Kubitschek in seinem Buch *Provokation* auch auf das Potenzial von Krisen: »Todkrank, wie unsere Nation ist, wäre es schon viel, wenn wir eine Krise wahrnähmen: Denn eine Krise ist besser als ein Sich-Dreinfinden, ist besser als das letzte Lächeln vor dem Tod.« Und er postuliert: »Wünschen wir uns die Krise!«[27] Der AfD-Bundestagsabgeordnete Harald Weyel reagiert bei einer Parteiveranstaltung 2022 auf die Aussage eines Teilnehmers, dass die Energiekrise dramatisch werde, mit folgenden Worten: »Man muss sagen, hoffentlich, oder? Wenn's nicht dramatisch genug wird, dann geht's so weiter wie immer.«[28] Und zwei Jahre zuvor wurde dem damaligen AfD-Bundespressesprecher Christian Lüth eine Aussage zugeordnet, die in die gleiche Richtung geht: »Je schlechter es Deutschland geht, desto besser für die AfD.« Er meint auch, man könne Migrant*innen erschießen oder vergasen.[29] 2024 ist er Mitarbeiter des AfD-Bundestagsabgeordneten Jan Wenzel Schmidt.[30]

Benedikt Kaiser, der aus dem engen Umfeld des ehemaligen Instituts für Staatspolitik kommt, reflektiert 2023 die andauernden Krisen. Der Mitarbeiter des AfD-Bundestagsabgeordneten Jürgen Pohl führt auf Sezession.net, verantwortet von Götz Kubitschek, aus, dass eine »Ergebnisoffenheit der Krise« bestehe: »Der Kipp-Punkt, an dem die Verhältnisse im eigenen Sinne zum Tanzen gebracht werden, kann nicht ›geplant‹ werden, weil zu viele Variablen auf die Situation einwirken. Sehr wohl muß aber auf diesen hingearbeitet werden.« Kaiser sorgt aber indes: »Erschwerend wirkt hingegen, daß just in den großen Krisen charismatische Persönlichkeiten gefragt

[sind], die eine bewegende Stimmung des Aufbruchs erzeugen können, wir aber einstweilen kaum über derartige Charaktere verfügen.« Bis sich solche Hoffnungsfiguren zu erkennen geben, bliebe jedoch »einiges zu tun: Deutungskämpfe annehmen und führen; Mitmenschen Wissen über Krisen und ihre Bedeutungen vermitteln; lokale/regionale Leuchttürme politischer Projekte schaffen; Verzahnung von außerparlamentarischen Gruppen mit zugänglichen Parteistrukturen fördern; arbeitsteilig und sich stetig professionalisierend an der Wende im Kleinen arbeiten, indem man konkrete Erfolge produziert.« Dies seien »realistische Zielpunkte [...], in der soeben erst eingeleiteten Epoche einer Konvergenz der Krisen«, schreibt Kaiser. Der Text ist für ihn offensichtlich von besonderer Bedeutung. In dem Band *Die Konvergenz der Krisen,* erschienen im rechtsextremen Jungeuropa Verlag, veröffentlicht er erneut den Beitrag.[31] Die Intention ist offensichtlich: Der Autor will das eigene Milieu stärker und besser für die Konflikte aufstellen.

Krisen alleine müssen die Krise nicht verschärfen. Die Konflikte in der Krise werden auch durch die Reaktionen auf die Krise verstärkt. Die Politikwissenschaftler Christoph Butterwegge und Ulrich Brand sprechen sich dafür aus, Krisen im Kontext der Reaktion zu reflektieren. »Die entsicherten Jahrzehnte seit 2000 wurden nicht als solche erkannt«, hebt ebenso Wilhelm Heitmeyer hervor. Die negativen Folgen eines Kapitalismus »mitsamt der von ihm produzierten langfristigen Krisen, Desintegrationsgefahren und -ängste« werden kaum diskutiert. Die ökonomischen Faktoren »führen zusammen mit einer massiven Demokratieentleerung« zu einer gesellschaftlichen Sehnsucht nach Autorität.[32] Die gegenwärtigen Ängste durch den realen Kontrollverlust bei sozialen, ökonomischen und politischen Konflikten in der globalen Marktgesellschaft von Geld, Waren und Arbeitskraft sind politische Realitäten. Die Matrizes der materiellen Produktion und des materiellen Verkehrs bestimmen die Wirklichkeit. Was bereits 1845/46 ausgemacht wurde, könnte auch heute noch gültig sein: »Nicht das Bewusstsein bestimmt das Leben, sondern das Leben bestimmt das Bewusstsein«, schreiben Karl Marx und Friedrich Engels. Das Bewusstsein könne nie etwas anderes sein als das bewusste Sein. Ideen und Vorstellungen erscheinen ihnen als »Reflexe und Echos des Lebensprozesses«.[33] Diese Reflexe auf die moderne Welt müssen aber nicht zu einer Reflexion der modernen Welt führen. Wilhelm Heitmeyer unterstreicht, dass in der Kritik an den bestehenden Verhältnissen das »Soziale und Ökonomische« umgeformt werde, verformt in eine »Kulturalisierung des Sozialen«. In den nationalen Optionen oder völkischen Visionen werde sich bei dem Versprechen der »Wiederherstellung von Kontrolle« sogleich »in Stellung« gebracht: »gegen ausbeuterische Eliten, gegen ›parasitäre‹ Zuwanderer und Flüchtlinge, gegen dekadente Lebensstile, gegen liberale Erziehung, gegen aufklärerische Geschichtsdeutung, gegen ethnisch-kulturelle Vielfalt.«[34] Keine progressiven Tendenzen für eine alternative Moderne. Im Gegenteil: Daniel Mullis macht eine »Regression der Mitte« der Gesellschaft aus, die auf der »Logik der Schließung von Prozessen der sozialen und demokratischen Teilhabe« basiert. »Was heute angesichts der multiplen Krisenerfahrungen und insbesondere der Klimakrise deutlich wird, ist, dass Regression kein aktives Zurück bedeuten muss.« Es werde schon »der Stillstand« reichen, »wenn die nötigen Schritte nicht mehr getan werden, um das bestehende Maß an Gleichfreiheit zu halten«, schreibt Mullis.[35] Und das im Wissen darum, dass diese umstrittene Freiheit ein Privileg vor allem für Weiße Menschen ist. Das Paradoxon der Moderne wird mehr als deutlich.

Progressiv und regressiv

Im 18. Jahrhundert hofften die Philosophen der Aufklärung, dass eine »universalistische Grundlage von Moral und Recht« für die Menschheit »das Glück« befördern könne. Dieses Versprechen ist eine Vision, die, wie Jürgen Habermas konstatiert, »unvollendet« geblieben ist.[1] Im Ausklang der Moderne zur Spätmoderne haben sich populistische Personen und Bewegungen vor allem mit autoritärem Profil bis rechtsextremem Programm etabliert. Die Krisen des demokratischen Kapitalismus können auch als regressive Moderne beschrieben werden. »Es ist ein Fortschritt, der den Rückschritt in sich trägt«, hebt Oliver Nachtwey hervor.[2]

Diesen Trend macht ebenso Anne Applebaum aus. »Die Verlockungen des Autoritären« erschüttern die liberalen Demokratien. Die »Vorstellung des Westens oder dessen, was manchmal als ›freiheitliche westliche Ordnung‹ bezeichnet wird« soll beziehungsweise wird zum »Einsturz« gebracht, schreibt

Anne Applebaum. Die Friedenspreisträgerin des Deutschen Buchhandels 2024 bezieht sich dabei auf den Historiker Fritz Stern.³ Der Professor für Geschichte legt dar, dass aus dem Verzweifeln an der Kultur und dem Zweifel gegenüber der kapitalistischen Welt liberale Gesellschaften sich langsam selbst zersetzen. »Wir müssen die Tatsache anerkennen, dass diese Art der Rebellion gegen die Moderne in der westlichen Gesellschaft latent vorhanden ist«,⁴ zitiert ihn Applebaum. Die Gefährder*innen kommen auch aus der Mitte der Gesellschaft. Sie sind gebildet und gut situiert. Sie sind »Denker, Intellektuelle, Journalisten, Blogger, Schriftsteller und Künstler«, eine »geistige Elite«, die sowohl von Links als auch von Rechts eine »autoritäre Rhetorik« forcieren.⁵ Die gesellschaftlichen Verhältnisse, Sorgen vor steigenden Preisen oder Befürchtungen um den sozialen Abstieg oder Ängste vor zukünftiger Altersarmut klingen in dem Buch *Die Verlockung des Autoritären* von Applebaum, einer bekennenden Liberal-Konservativen, kaum an. Fritz Stern dagegen sieht den Markt und den Wettbewerb mit seinen Finanzspekulationen skeptischer. Kurz vor seinem Tod 2016 konstatiert er, der 1938 mit seinen Eltern aus Deutschland in die USA fliehen konnte: »Ich glaube, wir stehen vor einem neuen, illiberalen Zeitalter.« Und führt aus, dass er aufgewachsen sei »mit dem Ende einer Demokratie und jetzt, am Ende meines Lebens« müsse er »die Kämpfe um die Demokratie noch einmal erleben«. Donald Trump ist für ihn »das beste Beispiel für die Verdummung des Landes und für die entsetzliche Rolle des Geldes. Ein absolut amoralischer Kerl, der mit Geld und Ignoranz protzt.«⁶

Leo Löwenthal sieht die Versuchung des Autoritären ebenfalls nicht ausschließlich als einen diskursiven Prozess, sondern geht von einer mentalen Basis aus. Sie entspringe den Verhältnissen der Warenwelt. »In der kapitalistischen Gesellschaft tritt die durch die Produktionsverhältnisse erzeugte Autorität als blinde, vom eigenen Zugriff unabhängige, fremde Macht [...] der überwiegenden Mehrzahl der Menschen gegenüber.«[7] Die so geschaffene Grundspannung führe in Krisen zu weiteren Spannungen. Daneben treten »echte Beschwerden« und ein »Unbehagen«. »Diese Gefühle können weder als willkürlich noch als gekünstelt ignoriert werden«, schreibt Löwenthal. Sie seien »grundlegend für die moderne Gesellschaft. Misstrauen, Abhängigkeit, Ausgeschlossensein und Enttäuschung vermischen sich zu einem Grundzustand des modernen Lebens: die Malaise des Unbehagens«.[8]

Die Aufgabe des Projekts der Moderne bestehe darin, so Habermas, »die objektivierenden Wissenschaften, die universalistischen Grundlagen von Moral und Recht und die autonome Kunst unbeirrt in ihrem jeweiligen Eigensinn zu entwickeln, aber gleichzeitig auch die kognitiven Potenziale, die sich so ansammeln, [...] für die Praxis, d.h. für eine vernünftige Gestaltung der Lebensverhältnisse zu nützen«. Der Aufklärer Marie Jean Antoine Nicolas Caritat, Marquis de Condorcet, hoffte, dass Künste und Wissenschaft die Kontrolle über die Natur gewinnen und auch den »moralischen Fortschritt, die Gerechtigkeit der gesellschaftlichen Institutionen, sogar das Glück der Menschen befördern würden«,[9] schreibt Habermas.

Kurze Zeit nachdem die französische Nationalversammlung 1789 die Erklärung der Menschen- und Bürgerrechte verkündete, forderte der Marquis de Condorcet das Wahlrecht für Frauen, die Gleichberechtigung von Schwarzen Menschen und die Beendigung des Sklavenhandels.[10] Der Philosoph und Naturwissenschaftler René Descartes »stelle der Aufklärung die entscheidendste Waffe im Kampf gegen die Autorität bereit: die Waffe der Vernunft«, unterstreicht die Politologin Gudrun Hentges.[11] Die 1641 von Descartes formulierte Erkenntnis »ich denke, also bin ich« klingt 2024 banal, zu seiner Zeit war sie revolutionär.[12] Doch die Aufklärung kann nicht pauschal als ein progressives Projekt bezeichnet werden. In ihrer Studie »Schattenseiten der Aufklärung« weist Hentges auf die Abwertungs- und Ausgrenzungsargumentationen von Aufklärern hin. Einer der berühmtesten Aufklärer, der Philosoph François-Marie Arouet alias Voltaire, schreckte in seinem Essay »Über die Toleranz« nicht vor menschenverachtenden Aussagen zurück. Allerdings befasst sich der Text von 1763 primär mit Religionsfragen. Voltaire behauptet mit Blick auf Juden und Jüdinnen: »In der ganzen Geschichte dieses Volkes findet man keinen Zug von Größe, Edelmut und Wohltätigkeit; aber durch die Wolke dieser langen und schrecklichen Barbarei brechen doch stets Strahlen von allgemeiner Toleranz hervor.«[13] Die Ambivalenz ist sichtbar. Und bleibt nicht hier schon die Frage offen: ob »die Juden« sich verstellen könnten und »den Juden« vielleicht nicht getraut werden sollte? Diese Ambivalenz verdichtet Voltaire in dem Vorwurf, die Juden würden Menschenopfer praktizieren. Diesen Vorwurf des »Menschenopfers« und damit den des »Kannibalismus« erkennt Hentges in Voltaires

»Juifs«: »Ihr seid berechnende Tiere; bemüht euch darum, denkende Tiere zu werden.«[14] Auch bei Immanuel Kant findet sie antisemitische Ausführungen. Der Philosoph aus Königsberg erklärt die Aufklärung zwar als den »Ausgang des Menschen aus seiner selbstverschuldeten Unmündigkeit«,[15] doch Schuldige macht er dennoch pauschal aus: Das Judentum sieht er als eine »Nation von Betrügern« und die Jüd*innen als »Misanthropen«. Der Antisemitismus, der in diesen Zuschreibungen zum Tragen kommt, wird von Theodor W. Adorno treffend als »Gerücht über die Juden«[16] bezeichnet, welcher zunächst religiös und nun philosophisch begründet wird. Ergänzend verweist Hentges auf den Soziologen und Ethnologen Wilhelm Emil Mühlmann, der Immanuel Kant als »Begründer des modernen Rassenbegriffs« bezeichnet.[17] Bezug nehmend auf Mühlmann führt der Historiker Léon Poliakov aus, dass Kant »über die Frage der Menschenrassen viel nachgedacht und geschrieben hat«. So trägt eines seiner Werke den Titel »Von den verschiedenen Racen der Menschen«. Er entwickle »diesbezüglich Prinzipien, die bis Mitte des zwanzigsten Jahrhunderts bei den Wissenschaftlern als maßgeblich galten«.[18] Auch auf die Zusammensetzung des Blutes habe Kant viel Wert gelegt. Aus den Prinzipien leiten sich Ressentiments ab. Das Äußere ein Spiegel des Inneren?, fragt Hentges, die auf diese Zuschreibungen aufmerksam macht, da Kant vermeintlich Charakterzüge einzelner »Völker« ausmacht. »Die Bewohner der heißesten Zone zeichnen sich durch Trägheit, Faulheit, Dummheit, Furchtsamkeit« aus. Den Deutschen attestiert er eine »sittliche Verfassung durch Fleiß, Reinlichkeit und Sparsamkeit«.[19]

Und Poliakov zitiert Kant mit den Worten: »So viel ist wohl mit Wahrscheinlichkeit zu urteilen, daß die Vermischung der Stämme (bei großen Eroberungen), welche nach und nach den Charakter auslöscht, [...] nicht zuträglich ist.«[20] Die »Plattitüden und Gemeinplätze« zu Männern und Frauen machen Poliakov »betroffen«. Er zitiert aus Kants Werk »Anthropologie in pragmatischer Hinsicht«: »Der Mann ist leicht zu erforschen, die Frau verrät ihr Geheimnis nicht. Obgleich anderer ihres (wegen ihrer Redseligkeit) schlecht bei ihr verwahrt ist. Er liebt den *Hausfrieden* und unterwirft sich gerne ihrem Regiment, um sich nur in seinen Geschäften nicht behindert zu sehen; sie scheut den *Hauskrieg* nicht, den sie mit der Zunge führt.«[21] Die Charakterisierungen gehen in Rollenzuschreibungen über – die geschäftliche Sphäre gehört dem Mann, die häusliche der Frau.

Die »Aufklärungsphilosophen des französischen und deutschen Sprachraums« postulieren »die Freiheit und Gleichheit aller Menschen«, hebt Hentges hervor. Dabei betonen sie sogleich die »Ungleichheit in der Gleichheit«.[22] Diese Grenzen der Aufklärung zeigt auch Wulf D. Hund auf. »Gerade die Perspektive der Vernunft und des Universalismus« habe »entscheidend zur Entwicklung des Rassismus beigetragen«, hält der Soziologe fest. Die Herrschaft über andere Länder zu gewinnen, feiert Kant als »die zivilisatorische Sendung Europas«.[23] Diese Positionen der Denker, dessen Reihe für Hund nicht bei dem Philosophen Georg Wilhelm Friedrich Hegel endet, führen zu einer »negativen Vergesellschaftung«, die auf »Deklassierung, Depravierung, Dekulturation und Desozialisierung« der Anderen, der Fremden, basiert. Hier liegt der duale Charakter:

Wo das »Andere« markiert wird, wird auch das »Eigene« definiert. Diese »Dialektik von Inklusion und Exklusion« erfasst das »Innere der Gesellschaft«. Das *Othering* ist sowohl eine negative Identitätszuschreibung für das »Fremde« als auch eine positive Identitätszuschreibung für das »Selbst«. »Gesellschaften halten nicht alleine durch eigene Kultur und Tradition zusammen, sondern auch dadurch, die der anderen als minderwertig einzustufen oder überhaupt zu bestreiten.« Diese »Vermittlung von Identität auf Kosten und Lasten anderer« erzeuge »unterschiedliche Grade des Menschseins«, hält Hund fest. Er resümiert: »Die Verwandlung eigener Entfremdungen in die Fremdheit anderer sichert so Herrschaft nicht nur, sondern macht gleichzeitig die Beherrschten zu deren Verteidigern.«[24] Heute enden die universellen Menschenrechte an den Grenzen Europas. Mit Blick auf die Gleichberechtigung hört diese in Deutschland unter anderem bereits beim *Gender Gap* auf.

Den »Hügel hinauf« – »the hill we climb« – zu mehr Humanismus, Solidarität und Empathie beschwört die Schriftstellerin, Lyrikerin und Aktivistin Amanda Gorman in ihrer verdichteten Rede zur Amtseinführung des US-amerikanischen Präsidenten Joe Biden: »Sicher, es läuft nicht so prächtig«, doch »ein Land für Menschen aller Art, jeder Kultur und Lage, jeden Schlags« könne möglich sein. »Lasst die Welt wenigstens dies bezeugen: Bei allem Gram, wir sind gewachsen. Bei aller Not, wir haben gehofft. Bei aller Ermüdung, wir haben uns bemüht. Wir bleiben verbunden, werden überwinden.«[25] In diesem Kontext ist der Soziologe Detlev Claussen anzuführen: »Eine reflektierte Aufklärung muß ihre eigene Ambivalenz zum Thema machen.«[26] Sie solle auch dargelegt werden, wenn Aufklärung und Moderne ganz anderer Kritik ausgesetzt ist.

Diese Ambivalenzen werden von Querdenkenden und Reichsideologiebewegten aber nicht thematisiert. Nachtwey, Frei und Schäfer stellen bei den Corona-Protestierenden fest: Diese Bewegung ist nicht am Rand der Gesellschaft zu verorten. Sie sei vielmehr »Ausdruck einer fundamentalen Legitimationskrise der modernen Gesellschaft«. In den genannten Milieus habe das »Projekt der Moderne« seine »normative Anziehungskraft eingebüsst.«[27] Denn zum Glücksversprechen der Moderne gehöre auch der »Aufstieg durch Leistung, Freiheit durch Demokratie, Gleichheit durch Rechtssicherheit, Wahrheit durch Wissenschaft, steigende Lebenserwartung durch die Errungenschaften der modernen Schulmedizin«. Dieses Glück ist für die Protestierenden durch die Einschränkung ihrer Freiheit und ihrer Rechte sowie durch Masken- und Impfverordnungen ganz individuell zum Unglück geworden. »Die Menschheitsgeschichte als Fortschritt im Bewusstsein der Freiheit [...] hat seine Glaubwürdigkeit verloren.« Die Moderne habe sich dadurch legitimiert, dass Kritik zugelassen wird. »Genau dieses Element« sei aus Sicht der Besorgten und Bewegten verloren gegangen. Die Entfremdung von der industriellen und durchrationalisierten Hypermoderne spiegele sich »in der Skepsis gegenüber ihren Institutionen« wie Parteien, Parlamenten oder Presse wider. Einzig die Gerichte und das Justizsystem verfügen noch über »eine schmale Vertrauensbasis«.[28] Diesen Aspekt dürften die Reichsbewegten nicht teilen. Ebenso bringen die Rechtsextremen dem demokratischen Rechtsstaat kein Vertrauen entgegen. Sie wollen – wie 1933 – die nach »1848 längst beschlossene Sache« radikal revidieren, sagt Esther Bejarano. Diese Bewegungen widerrufen Demokratie und Aufklärung, stellt die Auschwitzüberlebende, die 2021 verstarb, weiterhin fest.[29] Sie alle eint der antimoderne Reflex, in dem ausschließlich ihre Freiheit und ihre Rechte relevant sind. Sie alle kommen aus der Mitte der Marktgesellschaft und triggern sich durch die eigene Entfremdung.

Wahn
und
Wirklichkeit

Im externen Sitzungssaal 1 des Oberlandesgerichts Frankfurt am Main müssen sich neun Angeklagte verantworten. Das Gericht verlegte die Verhandlung in eine extra aufgebaute Leichtmetallhalle im Stadtteil Frankfurt-Sossenheim. Die Anzahl der Beteiligten in dem lange laufenden Verfahren führte zu der Verlegung. Zu Prozessbeginn standen den Angeklagten alleine 25 Rechtsanwält*innen bei.

Bereits das jeweilige Erscheinungsbild der als »Rädelsführer« angeklagten Heinrich XIII. Prinz Reuß und Rüdiger von Pescatore spiegelt die unterschiedlichen Charaktere wider. Die Mitangeklagten Birgit Malsack-Winkemann und Johanna Findeisen-Juskowiak scheinen ebenfalls aus grundverschiedenen Milieus zu kommen. Der gebürtige Prinz trägt eine Trachtenjacke und grüßt erhaben und der ehemalige Bundeswehroffizier salutiert in einer Fleecejacke. Malsack-Winkemann, ehemalige Richterin und AfD-Bundestagsabgeordnete, tritt selbstsicher in einem gestreiften Blazer auf. Findeisen-Juskowiak, Anthroposophin und Ex-Bundestagskandidatin von dieBasis, gibt sich im einfarbigen Kapuzenpullover zuversichtlich. So verschieden der jeweilige Kleidungsstil und auch die Charaktere sein mögen, laut Anklage sollen sie zusammen mit vier weiteren Männern und einer Frau eines gemein haben: »die bestehende staatliche Ordnung in Deutschland gewaltsam« beseitigen zu wollen.[1]

Seit dem 21. Mai 2024 stehen sie wegen der »Mitgliedschaft in einer terroristischen Vereinigung« bzw. deren Unterstützung vor der 8. Strafkammer des Gerichts. In Stuttgart und München laufen zwei weitere Prozesse gegen die Reuß-Gruppe. Neun Männer sind in der baden-württembergischen Landeshauptstadt angeklagt, sechs Männer und zwei Frauen in der bayerischen Landeshauptstadt. Auf unterschiedlichste Weise sollen sie einen sogenannten Tag X mit vorbereitet haben. Der Generalbundesanwalt wirft den Angeklagten in der hessischen Metropole Frankfurt am Main auf über 600 Seiten vor, ab August 2021 geplant zu haben, »mit einer bewaffneten Gruppe in das Reichstagsgebäude in Berlin einzudringen, um dort Abgeordnete des Deutschen Bundestags festzunehmen und so den Systemumsturz herbeizuführen«. Die Vereinigung habe »konkrete Vorbereitungen« getroffen: Sie sollen militärisches Personal rekrutiert, Ausrüstung besorgt und »Schießtrainings« durchgeführt haben. Den Mitgliedern sei »bewusst« gewesen, »dass die geplante Machtübernahme mit der Tötung von Menschen verbunden wäre«, schreibt der Generalbundesanwalt.[2]

Die parteipolitische Ausrichtung der insgesamt 27 Angeklagten von AfD bis zu dieBasis zeigt die große Heterogenität dieser »terroristischen Vereinigung«. Einzelne Beschuldigte waren im Querdenken-Milieu aktiv, wie der ehemalige Polizeihauptkommissar Michael Fritsch, welcher auf Demonstrationen sprach. Weitere bewegten sich im Esoterik-Spektrum. Eine von ihnen, die Hausärztin Melanie R., verstand sich als »Medium« und Wahrsagerin. Sie war bei der AfD-Bundestagsabgeordneten Malsack-Winkemann tätig, und auch der Angeklagte Thomas T. meint, »seherische Fähigkeiten« zu haben. Bei aller Unterschiedlichkeit eint die Beklagten eine weitere Affinität: der Rekurs auf Verschwörungsnarrative.

Die Extremismusforscherin Julia Ebner betont, kein*e Internetuser*in sei »heute frei von Radikalisierungsfeldzügen«. TikTok, X, Instagram, Facebook oder Computer- und Videospiele verbreiten Verschwörungsnarrative, fungieren als »Radikalisierungsmaschinen«. Einflussreiche Netzwerke von Digital Natives würden »zunehmend« an »die archaischsten Instinkte der Menschheit appellieren«, so Ebner.[3] Gut oder böse. Die Dichotomie dieses reduzierenden Denkens verfügt über eine regelrecht erlösende Dimension. Keinerlei Zweifel erlaubt, die Zuschreibungen sind gewiss und klar.

In Krisenzeiten, während einer Pandemie, bieten gerade Verschwörungsnarrative Erklärungen und Halt. Die Welt wird wieder verständlich. »Menschen neigen dazu, in solchen Situationen eher gewichtige Ursachen zu vermuten, die sozusagen der gefühlten Bedeutsamkeit eines Ereignisses gerecht werden. [...] Es fällt schwer zu glauben, dass eine zufällige Virusmutation weltweit ein derartiges Chaos ausgelöst haben könnte«, heben die Sozialpsychologin Pia Lamberty und die Publizistin Katharina Nocun hervor.[4] In der Studie ›*Nichts ist, wie es scheint*‹. *Über Verschwörungstheorien* weist Michael Butter auf drei Varianten von Verschwörungsnarrativen hin. Der Professor für Amerikanische Literatur und Kulturgeschichte unterscheidet zwischen »Ereignisverschwörungstheorien«, die von einem »eingrenzbaren Ereignis« handeln, »Systemverschwörungstheorien«, die von »einer bestimmten Gruppe von Verschwörern« ausgehen und »Superverschwörungstheorien«, die ein »Konglomerat aus Ereignis- und Systemverschwörungstheorie« bilden.[5] Die Varianten können auch als Selbstermächtigung diskutiert werden. Der reale Kontrollverlust wird vermeintlich durch alternative Wahrheiten aufgelöst. »Die Konstruktion einer angeblichen Verschwörung bietet schließlich auch die Möglichkeit zur Selbstinszenierung als ›Wissende‹ oder ›Widerstandskämpferin‹«, unterstreichen Lamberty und Nocun.[6]

Bis zu der ersten Razzia am 7. Dezember 2022 gegen die Reuß-Gruppe dürften sich deren Mitglieder und Unterstützende als Wissende und widerständig verstanden haben. Auch sie haben in der Pandemie Maskentragen und Impfangebote vehement abgelehnt. Maßnahmen, die sie als Angriff auf ihre Gesundheit und Rechte wahrgenommen haben, begründet und bestärkt durch verschiedene Verschwörungsnarrative. Einerseits zweifelten auf Demonstrationen Redner*innen die Covid-19-Pandemie generell an und Teilnehmende trugen Plakate mit »Stop Corona Lüge«. Andererseits wurde Bill Gates, dem Gründer von Microsoft, in etlichen Reden unterstellt, das Virus hergestellt zu haben, um einen globalen Impfzwang durchzusetzen und noch mehr Geld zu verdienen. Andere bezichtigten ihn, mithilfe der Impfungen Chips einpflanzen zu wollen, damit die Menschen gefügig gemacht werden können. Beide sich widersprechende Verschwörungserzählungen sind nach wie vor virulent.

Die Ergebnisse der Leipziger Autoritarismus-Studie *Autoritäre Dynamiken,* die alle zwei Jahre neu erhoben wird, zeigen: Während 2018 30,8 Prozent der Befragten in der Bundesrepublik eine »manifeste Verschwörungsmentalität« aufwiesen, waren es 2020 38,4 Prozent der Befragten. Im Vergleich zur westdeutschen Bevölkerung war bei der ostdeutschen dieses Denkmuster weitaus häufiger gegeben: 29,9 Prozent zu 34,5 Prozent (West, 2018) und 35,2 Prozent zu 51,4 Prozent (Ost, 2020).[7] Der deutliche Abfall der Werte im Jahr 2022 bestätigt, wie stark Verschwörungsnarrative kontext- und situationsbedingt sind. Von den hier Befragten zeigten 25 Prozent eine »manifeste Verschwörungsmentalität« auf. Der Rückgang erscheint nicht mehr so stark, wenn nach »COVID-bezogene[n] Verschwörungserzählungen« gefragt wird. Dass die »Hintergründe [...] nie ans Licht der Öffentlichkeit kommen, denken 2022 bundesweit 38,8 Prozent, im Osten 46,4 Prozent und im Westen 36,8 Prozent. 33 Prozent meinen bundesweit, dass die »Corona-Krise [...] groß geredet wurde, damit wenige davon profitieren«[8] konnten.

In der Anklage gegen die »Reuß-Gruppe« weist der Generalbundesanwalt auf ein Konglomerat von Verschwörungsnarrativen hin: Die Angeklagten teilen eine tiefe Ablehnung der demokratischen Grundordnung. Verschwörungstheorien dienen dabei der letztendlichen Begründung für die Vorbereitungen zum Tag X. In der Gruppe sei davon ausgegangen worden, dass Angehörige eines *Deep States* Deutschland regieren. Die Annahme eines Staates im Staat, eines tiefen Staates oder Schattenstaates, werde mit der Behauptung verbunden, dass Teile des Staats- und Sicherheitsapparats wie auch geheime Bünde oder gesellschaftliche Minderheiten oder religiöse Orden und mystische Kreise im Verborgenen die eigentliche Macht ausüben. In vielen Politthrillern dient dieser Spin einer spannungsgeladenen Dramaturgie, wenn nicht gar der ganzen Story. Der Film »Die drei Tage des Condors« von 1975 gehört zu den Klassikern dieses Genres. Im Film spannend anzusehen, im Leben zum Verstehen-Wollen schwierig. Durch das Buch *Ueber Freymaurer. Erste Warnung* von Joseph Marius Babo erlangten in Deutschland bereits 1784 erstmals Verschwörungsmythen eine größere Aufmerksamkeit. Bis heute kann der Titel bei Amazon bestellt werden.

Eine der bekannten *Deep-State*-Storys, der die Angeklagten der Reuß-Gruppe anhängen, wurde von QAnon verbreitet: Am 28. Oktober 2017 postet ein User unter dem Namen Q Clearance Patriot, Kurzform Q, auf dem Imageboard »4chan« einen ersten Beitrag. *Q Clearance* ist beim US-Energieministerium die höchste Stufe der Zugangsberechtigung zu streng geheimen oder brisanten Daten. Der Nutzer suggeriert, als ranghoher

Regierungsangestellter Zugang zu solchen Informationen zu haben. »Anon« geht auf »Anonymos« zurück. Eines der zentralen Motive im Post: In geheimen Anlagen würde ein konspiratives Netzwerk Kinder quälen und missbrauchen. Sie würden zudem den Kindern Blut abzapfen, um aus dem Blut für ein Verjüngungsserum Adrenochrom zu gewinnen. Der Glaube an diese Verschwörungserzählung war so stark, dass auch keine Zweifel bei Mitgliedern der Reuß-Gruppe aufkamen, als ein Betrüger in der Schweiz ihnen versicherte, einen Zugang zu dem konspirativen Tunnelsystem finden zu können. Bis zu einer halben Million Euro sollen sie an ihn gezahlt haben.[9]

In Deutschland popularisierte der Sänger Xavier Naidoo diesen QAnon-Konnex von Kindern und Blut, bis er sich per Video für diese Positionen entschuldigte. Die QAnon-Erzählung baut auf ein uraltes Vorurteil auf. Schon in der Antike kursierte die »Vorstellung, dass Andersgläubige die Kinder der Gastvölker misshandeln, verstümmeln« oder ermorden, »um ihr Opferblut rituell zu gebrauchen«, führt der Soziologe Rainer Erb aus und hebt hervor: »Von außerordentlicher Kontinuität und mörderischer Konsequenz waren die Ritualmordbeschuldigungen gegen die Juden. Ihnen wurde vorgeworfen, christliche Kinder zu rauben oder zu kaufen.« Nach der Verkündung der Transsubstantiationslehre durch das IV. Laterankonzil 1215 sei das »Motiv der Blutentnahme«[10] hinzugekommen, schreibt Erb. Dieser mindestens potenzielle Antisemitismus wird bei QAnon zu einem verifizierbaren Antisemitismus. In den »kryptischen Botschaften«, betont der Journalist Felix Huesmann, erwähne »der vermeintliche Insider Q« regelmäßig die »Rothschilds und den jüdischen Milliardär und Philanthropen George Soros« – bekannte antisemitische Chiffren. Ohne »diesen Kern« sei die »QAnon-Ideologie und ihr Erfolg kaum denkbar«.[11] Wenn Verschwörungsnarrative versprechen, geheime Mächte und Kräfte zu enttarnen, schwingt stets Antisemitismus mit. Denn die Narrative neigen nicht nur zu Pauschalisierungen, sondern auch zu Personalisierungen. In der Reuß-Gruppe konnte Prinz Reuß klar benennen, wer die Leute im Verborgenen sind. Im gediegenen Ambiente führte er auf dem Worldwebforum 2019 in Zürich aus, dass die jüdische Familie Rothschild den britischen Geldfluss und das Empire kontrolliert und damit entscheidenden Einfluss gehabt hätte. Knapp 1500 Gäste aus der Schweizer Technologie- und Wirtschaftselite konnten diesen Ausführungen lauschen. Der damalige Schweizer Finanzminister Ueli Maurer (SVP) und die ehemalige Nationalbankdirektorin Andréa Maechle hatten unmittelbar vor dem Prinzen gesprochen. Die Rede sei unwidersprochen geblieben, recherchierte Thomas Schwendener für die *WOZ (Die Wochenzeitung)*.[12] Während der Razzia im Dezember 2022 im Büro von Reuß wurde auch ein Hörbuch des Schweizer Holocaust-Leugners Gerard Menuhin gefunden.[13]

Den QAnon-Narrativen ist die Vorstellung eines *Deep States* immanent. Zu diesem tiefen Staat werden der ehemalige US-Präsident Barack Obama sowie die frühere US-Außenministerin und -Präsidentschaftskandidatin Hillary Clinton, beide von der Demokratischen Partei, gezählt. Der Republikaner Donald Trump hingegen würde diesen Staat im Staat angehen, weshalb er vom »Establishment« angefeindet werde.

Dieser Logik folgend ist der US-Präsident für sie ein Held und Retter. Nach dem Attentatsversuch auf Trump am 13. Juli 2024 bei einer Open-Air-Veranstaltung in Pennsylvania kursierten schnell Mutmaßungen, denen zufolge der Secret Service bewusst die vorgegebenen Schutzmaßnahmen unterlaufen hätte. Der Chefredakteur der rechtsextremen Monatszeitschrift *Compact* Jürgen Elsässer feiert, wie Trump auf das Attentat reagierte: mit erhobener Faust und lautem Schlachtruf »Kämpft, kämpft, kämpft«. Trump verkörpere nicht nur einen mutigen Helden, sondern verfüge auch über einen »sprichwörtlichen Todesmut«, so Elsässer. Der rechte Publizist weiß natürlich recht schnell, dass es offensichtlich sei, »dass zumindest Teile des Secret Service bei dem Anschlag die Finger im Spiel« gehabt haben, »sonst wäre der Attentäter nie in die Schussposition gekommen«. Der »Tiefe Staat« stehe in »aller Hässlichkeit da«.[14] Der QAnon-Jargon überrascht nicht. Bereits 2020 prangte das »Q« im Stil des Verschwörungsnarrativs auf dem Cover des Magazins. Darunter war der Titel des Heftschwerpunkts zu lesen: »Querdenker. Stürzt die Freiheitsbewegung die Corona-Diktatur?« Damit wurde QAnon- mit der Querdenken-Bewegung verknüpft.[15] Im Artikel »Q und seine Cyberkrieger« greift Daniell Pföhringer den sogenannten Q-Oath auf: »Where we go one, we go all!«[16] Sinngemäß ins Deutsche übersetzt lautet der Eid: »Einer für alle, alle für einen!« Pföhringer heißt eigentlich Thorsten Thomsen und war mal Pressesprecher der NPD-Fraktion in Sachsen. Das Symbol und auch das Kürzel »WWG1WGA« wurden vielfach bei Querdenken-Demonstrationen gezeigt.

Die Verschwörungsnarrative eines *Deep States* und QAnon gehen bei der Reuß-Gruppe ineinander über und begründen sich gegenseitig. Sie bilden eine »Superverschwörungstheorie«, die sich weiter radikalisiert hat. Dem Generalbundesanwalt zufolge nahmen die Mitglieder die Existenz einer sogenannten Allianz an, einem technisch überlegenen Geheimbund von Regierungen, Nachrichtendiensten und Militärs verschiedener Staaten, die in Deutschland die Macht übernehmen wollen. Die Reuß-Gruppe sollte nach einem Zeichen durch die »Allianz«, der vermeintlich auch die Russische Föderation unter Wladimir Putin und die Vereinigten Staaten unter Donald Trump angehören, zu gegebener Zeit ihre Aktionen starten. Sie wollten nicht nur in den Reichstag eindringen, sondern außerdem Stromanlagen im Bundesgebiet sabotieren. Sie waren zudem dabei, »Heimatschutzkompanien« (HSK) aufzubauen – über 280 Kompanien planten sie. Die Aufgaben der HSK wurden in einem Dokument festgelegt. Sie wären unter anderem für die »Neutralisierung von konterrevolutionären Kräften aus dem linken und dem islamischen Spektrum« sowie für die »Unterbindung von Partisanenaktivitäten« vorgesehen gewesen.[17] In der Gruppe war aber wohl unklar, was das den Putsch auslösende Zeichen sein sollte. Beispielsweise wurde der Tod der britischen Königin Elisabeth II. am 8. September 2022 als ein solches Signal verhandelt.

Dieser Wahn und Wahnsinn führen schnell zu Verharmlosungen und Verniedlichungen. Die AfD-Bundestagsfraktions- und -Bundesparteisprecherin Alice Weidel nutzt die Gelegenheit für eine Relativierung. Sie spricht von einem »Rollator-Putsch«.

Mit einer unverhältnismäßigen Großrazzia sei man auf die »Rentner los«[18], sagt sie. Bei Facebook führt der niedersächsische AfD-Landtagsabgeordnete Stephan Bothe am 12. Dezember 2022 aus, dass eine »auf Bestellung von den Medien hochgepuschte[n] Realsatire eines angeblich bevorstehenden Staatsstreiches von ein paar älteren Herrschaften« nach »Art des Hauptmanns von Köpenick«[19] aufgeführt wurde. Wenige Tage zuvor hatte *Compact* auf dem eigenen YouTube-Kanal ein Video veröffentlicht, dessen Titel den Tenor vorgab: »BKA erfindet Reichsbürgerputsch«. In dem Video erklärt Elsässer: »Früher brauchte man einen Reichstagsbrand, um gegen die Opposition loszuschlagen, heute genügt eine Chatgruppe auf Telegram.«[20] Mit der Andeutung einer BKA-Verschwörung wird eine Analogie zum Reichstagsbrand in der Nacht auf den 27. Februar 1933 vorgenommen. Den Brand nutzten die Nationalsozialisten einen Tag später zur Legitimierung der de-facto-Aufhebung der Grundrechte der Weimarer Verfassung. Damit wird das BKA mit dem Machtapparat der NSDAP gleichgesetzt – eine Verunglimpfung und Verharmlosung zugleich.

Die Verharmlosung der Reuß-Gruppe aus dem Kreis der üblichen Verdächtigen von AfD bis *Compact* wundert nicht. Die AfD treibt trotz Wahlerfolg auf Wahlerfolg die Sorge vor einer Einstufung als rechtsextreme Gesamtpartei durch das Bundesamt für Verfassungsschutz um. Eine ehemalige Bundestagsabgeordnete unter Terrorverdacht kann da schon zu einer Belastung werden. Doch auch aus dem konservativen Milieu wurden Stimmen laut, wonach die Maßnahmen gegen die Reuß-Gruppe überzogen seien. Im konservativen Monatsmagazin Cicero schreibt Gerhard Strate im Dezember 2022: »Wir verfügen nur über wenige dürre Fakten zur Reichsbürger-Razzia, die uns wie Brosamen hingeworfen werden. Das neue deutsche Märchen vom ominösen Prinzen und seiner Gefolgschaft wirft viele Fragen auf.« Der Titel des Gastbeitrages »Die Gourmetrevolution – eine Farce aus Deutschland«[21] kann als Relativierung der Umsturzpläne gelesen werden. Im Artikel wurde der vorhandene Ermittlungsstand ignoriert, um das »Märchen vom Umsturz« weiter erzählen zu können. Dieses wurde bereits mit den Funden der ersten Razzia widerlegt. »Brosamen« waren viele schnell gefunden. Bei den Durchsuchungen stellten die Ermittelnden insgesamt 93 Waffen sicher: 19 Faustfeuerwaffen, 25 Langwaffen, Messer, Armbrüste, Dekowaffen und Schreckschusspistolen.[22] Zum Ende des Jahres 2023 gab der Generalbundesanwalt an, dass die Vereinigung »Zugriff auf ein massives Waffenarsenal« hatte, »bestehend aus insgesamt rund 380 Schusswaffen, beinahe 350 Hieb- und Stichwaffen und fast 500 weiteren Waffen – sowie mindestens 148 000 Munitionsteilen«. Die Mitglieder schafften sich »eine Vielzahl sonstiger militärischer Ausrüstung an, darunter ballistische Helme, schusssichere Westen, Nachtsichtgeräte und Handfesseln«. Die Gruppe verfügte zudem »über finanzielle Mittel in Höhe von etwa 500 000 Euro«.[23] Die Ermittelnden entdeckten in einem Schließfach zusätzlich Goldbarren im Wert von sechs Millionen Euro.[24]

Der Relativierungssound kommt bekannt vor. Über Jahrzehnte wurden in Politik und Medien Anhänger*innen der Reichsideologie als »Irre« und »Spinner« abgetan. Einzelne

Protagonist*innen, die ein »Königreich Deutschland« ausrufen oder sich als Teil eines »Indigenen Volk Germaniten« sehen, mögen mitunter als speziell erscheinen und durch ihre Ausführungen und Haltungen irritieren. Doch mit dem 19. Oktober 2016 hat sich auf Bundesebene im Sicherheitsapparat, in Politik und Medien die Wahrnehmung auf die Reichsideologie-Bewegung geändert. An jenem Tag schoss Wolfgang Plan in Georgensgmünd auf Polizeikräfte. Eine Kugel traf einen SEK-Beamten tödlich. Zwei Beamte verletzte Plan schwer und einen Beamten leicht.[25] Sie waren in die bayrische Gemeinde gekommen, um dem Reichsbürger 31 Waffen zu entziehen, die er legal besaß. Hier wurde es exemplarisch: Die Selbstermächtigung durch Verschwörungsnarrative kann über die Selbstinszenierung bis zum Selbstverteidigungsanspruch gehen. Deren Vertreter*innen fühlen sich im Recht, sie bestehen auf ihrem Recht auf Widerstand. Dieser Logik folgend darf bei staatlichen Einschränkungen und polizeilichen Maßnahmen letztlich auch geschossen werden. Am 18. September 2021 erschoss Mario N. den Studenten Alexander W. Der 20-Jährige hatte in einer Tankstelle in Idar-Oberstein gearbeitet und N. kein Bier verkauft, da er sich nicht an die damals geltende Maskenpflicht hielt.

Die Pathologisierung einzelner Akteur*innen einer politischen Bewegung impliziert die Relativierung der Ideologie und Intensität. Das Potenzial zur Eskalation und Aggression kann auch über Psychologisierung zur Bagatellisierung führen. Die persönliche Motivlage und die psychologische Verfasstheit dürfen nicht ausgeblendet, aber ebenso auch nicht überblendet werden. Wahn, Weltbild und Tat oder Planung können zu einer sich selbst bestärkenden Einheit werden. Der Glaube an Verschwörungen festigt die eigene Haltung. Die Narrative erscheinen als Glaubensbekenntnisse. Sie erhalten letztlich Glaubenscharakter, werden zur *Conspirituality*. Mit dem Kofferwort, zusammengesetzt aus *conspiracy* und *spirituality*, wird diese enge Bindung beschrieben. Aufgrund von *Conspirituality* fühlen sich die Handelnden zur Tat berufen – vielleicht sogar dazu auserwählt. Jenen Prozess scheint die Reuß-Gruppe durchgemacht zu haben. Sie fühlten sich zum Umsturz berufen. Dafür hatten sie angefangen, Strukturen aufzubauen, Funktionen zugeteilt, Waffen und Geld organisiert und auch Datensammlungen angelegt. Datensammlungen, die nichts anderes sind als Feindeslisten, auf denen unter anderem 18 Spitzenpolitiker*innen wie die grüne Bundesaußenministerin Annalena Baerbock und die SPD-Bundesvorsitzende Saskia Esken standen. Aufgelistet waren außerdem Politiker*innen mit ihren Wahlkreisbüros und Ärzt*innen mit ihren Adressen. Auf einer weiteren Liste waren Personen aus dem näheren Umfeld eines Beschuldigten zu finden, die in »Gefährlichkeitsstufen« eingeteilt waren.[26] Die Ermittelnden stießen auch auf mehr als 130 »Verschwiegenheitserklärungen«, unterschrieben von potenziellen Mitstreitenden.[27]

Der Sturm auf den Reichstag wäre wegen der Beteiligung von Birgit Malsack-Winkemann gar nicht so unmöglich gewesen. Denn als ehemalige Bundestagsabgeordnete konnte sie dank Hausausweis den Bundestag betreten und Gäste mitbringen – auch nach ihrem Ausscheiden im Herbst 2021. Bekannt ist mittlerweile, dass sie Personen aus der Reuß-Gruppe durch das Gebäude führte. So wurden bei Besuchen am 1. und 18. August 2021 Fotos und Videos gemacht, wie durch sichergestellte Handys festgestellt werden konnte. Sie machten Aufnahmen von Hinweisschildern, Treppenhäusern, unterirdischen Verbindungsgängen und Parkplätzen in der Tiefgarage. Die 60-Jährige bezeichnete den Besuch als eine normale touristische Führung.[28]

Im Saal 1 bemühte sich Malsack-Winkemann über sechs Verhandlungstage, die Anschuldigungen abzuschwächen. Die ehemalige Richterin erklärte, dass die Gruppe »nur ein intellektueller Zirkel« gewesen sei, in dem sich über ein mögliches alternatives Staatsmodell ausgetauscht wurde. »Mit manchen habe ich nur ein paarmal telefoniert, und schon sitzt man zusammen in einem Verfahren. Es ist erstaunlich, wie hier Leute zusammengezogen werden, die draußen kaum miteinander zu tun hatten«, echauffierte sie sich laut Tagesschau. Überlegungen zu Umsturzplänen habe es nicht gegeben. Allerdings bestätigte sie, dass die Gruppe sich nach dem Staatsstreich der Allianz zur Errichtung eines neuen Staatswesens zur Verfügung stellen wollte.[29]

In Frankfurt am Main wehrte Prinz Reuß ebenso die Vorhaltungen ab. Gestützt durch eine schriftlich vorbereitete Erklärung schilderte er unter Tränen seinen Lebensweg. Der 72-Jährige versicherte in der rund anderthalbstündigen Ausführung, dass er »natürlich Gewalt« ablehne, »auch wenn immer wieder durch die Anklage versucht wird, mir das Gegenteil zu unterstellen«. Einem Vorwurf widersprach er nicht:

Er erzählte von einer »Erd-Allianz«, die sich jedoch »als Trojanisches Pferd herausgestellt« habe. Wie die Ex-Richterin und -AfD-Bundestagsabgeordnete bestätigte er dadurch indirekt die Annahme eines angeblichen Geheimbundes.[30]

Der Wahn der Gruppe wurde keine Wirklichkeit. Die Ernsthaftigkeit der Planung mögen einzelne Beschuldigte herunterspielen. In weiteren Verfahren haben Gerichte allerdings schon einzelne Involvierte verurteilt. Die Vorbereitungen nahmen Beschuldigte gar so ernst, dass gezielt Polizei- und Bundeswehrkräfte umworben wurden. Unter den 64 Beschuldigten sind allein 23 Personen, die an der Waffe ausgebildet wurden, geübte Bundeswehrreservisten, ehemalige Berufssoldaten und ein aktiver Bundeswehrsoldat der Elitetruppe Kommando Spezialkräfte (KSK).[31] Eine Schießübung erwähnt der Generalbundesanwalt.[32] Die derzeit drei laufenden Verfahren sind bis Anfang 2025 terminiert.

Politik
und
Poesie

Am weiten Horizont zeichnen sich verschiedene Gebirge ab. Der Nebel schwebt zwischen den Erhöhungen. Auf einer Klippe steht aufrecht ein Mann im Gehrock und mit Stock. Er hat den einen Fuß an den Rand des Gesteins gesetzt, den anderen leicht zurückgestellt. Schaut der Mann in den vernebelten Abgrund? Blickt er besorgt oder berührt? Feiert er ganz profan den Aufstieg aus dem Tal oder geradezu sakral die Erhebung seines Selbst? Erfährt er Erbauung durch die Natur oder erfreut ihn die Selbstermächtigung des Menschen? Er hat den Betrachtenden den Rücken zugekehrt, sein Gesicht ist nicht zu sehen, welches seine Gefühle zeigen könnte. Erst der Maler des um 1817 angefertigten Gemäldes ermöglicht eine Einordnung des Dargestellten. Er, dem die Menschen »so fremd« sind, möchte den Menschen nicht über das Göttliche und die Natur stellen, schreibt der Kunsthistoriker Florian Illies. Der Maler will keine Revolution. Caspar David Friedrich wird, beeindruckt von der »überwältigenden Schönheit der Natur«, zu dem »größten Maler der deutschen Romantik«. Illies hebt hervor: »Wir wissen, dass [...] Friedrich [...] seinen Schöpfer nie herausfordern, sondern ihn suchen und preisen« wollte. »Auf dem Gipfel tritt der Wanderer in ein Gespräch mit sich selbst, der Welt und mit Gott.« Einsam muss er sein, »um die Natur vollständig zu schauen«. Denn »die Erneuerung des Glaubens« könne »nur aus der Natur selbst kommen und aus dem zeitgenössischen Menschen, der offene Augen für den Schöpfer hat«.[1]

Zum 250. Geburtstag Friedrichs richtete die Hamburger Kunsthalle von Dezember 2023 bis April 2024 eine umfassende Werkschau aus. Als großflächiges Werbebanner hing das Gemälde »Der Wanderer über dem Nebelmeer« am Ausstellungsgebäude. Rund einen Monat vor dem Ende der Ausstellung waren die Karten restlos ausverkauft. Mit 335 000 Besucher*innen erreichte die große Jubiläumsausstellung unter dem Motto »Kunst für eine neue Zeit« die höchste jemals erzielte Besucher*innenzahl in der Geschichte der Kunsthalle.[2] Der Zulauf dürfte nicht bloß den »hochkarätigen und seltenen Friedrich-Leihgaben« geschuldet sein. Die »anhaltende Faszination« der Werke entspringe auch der Auseinandersetzung mit dem Verhältnis »des Menschen zu seiner Umwelt«, schreibt die Kunsthalle.[3] Ein weiterer Aspekt könnte die »Selbstzerstörung der technischen Zivilisation« (Stefan Breuer) mit und durch den Klimawandel sein, die verstärkt in der Öffentlichkeit verhandelt wird. Die Ausstellung könnte aber auch eine Sehnsucht nach Stille und Stillstand in Zeiten von Hektik und Hadern angesprochen haben. Viele Menschen erleben Ungewissheit, ihnen fehlt Gewissheit. Die Werke von Caspar David Friedrich lassen den Menschen oft allein und betten ihn dennoch ein. Der »Wanderer über dem Nebelmeer« schaut nicht nach oben in den Himmel und ist trotzdem von Gott berührt. Diese »Bilderfindung« sei »ungeheuerlich« und irritierend »modern«, schreibt Illies. Entfremdung wird Einbettung gegenübergestellt. Der »Mönch am Meer« von 1808 bis 1810 zeige auch die »Paradoxie des Glaubens: eine Aufrechterhaltung der Hoffnung im Wissen um deren Aussichtslosigkeit«, wie der Kunsthistoriker ausführt: »Es ist der Urknall der Romantik.«[4] Eine Rückbesinnung, die eine Rückkehr offeriert. Ein Hin zu etwas Früherem, zu etwas Bekanntem, Beharrlichem und Behaglichem.

Schon in der ersten Phase der Industrialisierung von 1840 bis 1870 mit ihrer Arbeitsteilung traten Ambivalenzen auf. In den »Ökonomisch-philosophischen Manuskripten« führt der Ökonom und Philosoph Karl Marx 1844 aus, dass die »entfremdete Arbeit« den Menschen von sich selbst entfremde sowie von der eigenen »Gattung« und der Natur entferne. »Die entfremdete Tätigkeit« mache den Menschen zu einem »entfremdeten Wesen«, dessen »entäußerte Arbeit« führe zu den »entäußerten Menschen«: ein »entfremdetes Leben«.[5] Auch Émil Durkheim denkt über Arbeitsteilung und ihre Auswirkungen nach. Der französische Soziologe fragt 1893, inwieweit die Arbeit und ihre Teilung nicht nur die »Quelle der Zivilisation« sei, die Kunst und Wissenschaft vorantreibe, sondern auch ihre »krankhaften Phänomene«.[6] Die Zusammenarbeit haben wir gewollt, die abgesprochene Arbeitsteilung, die Pflichten, die bedingte Unterordnung weniger, meint Durkheim, der darlegt, dass wir als Einzelne nun wesentlich stärker abhängig von der Gesellschaft seien und gleichzeitig weniger von der Gesellschaft abhängig sein wollen. Wir haben uns im Wir verloren. Aus den Gemeinschaften sei eine Gesellschaft geworden. Bereits 1887 erkennt der Soziologe und Philosoph Ferdinand Tönnies diesen Dualismus, der zwischen einer vermeintlich natürlich gewachsenen Gemeinschaft und einer künstlich entstandenen Gesellschaft unterscheidet. Kurz: Bauer/Bäuerin versus Bürger*in. In diesem Dualismus schwingt das Motiv des »vormodernen Landlebens«, des »Lebens in der Natur« im Gegensatz zum »modernen Leben«, dem »Leben in der Stadt« mit.

Caspar David Friedrich wandte sich nicht alleine der Natur zu, viele seiner romantischen Kolleg*innen suchten diese Nähe. In diesem Sinn kann diese Kritik als eine frühe Kritik an der am Horizont aufscheinenden Moderne verstanden werden. Der »Geist der neuen Zeit« sei für Novalis »der Geist der Entzauberung«, schreibt Rüdiger Safranski über einen der bleibenden Stars der Romantik. Georg Philipp Friedrich von Hardenberg alias Novalis spiele mit einer »poetischen Mystik«, die auch mit einer »Vergangenheitssehnsucht« einhergehe.[7] Die Romantik, betont Safranski, habe »mit ihrem Unbehagen an der Normalität« jenes »Unbehagen an der *Entzauberung der Welt durch Rationalisierung*« (Herv. i. Org.) vorweggenommen.[8] Ein Unbehagen bewegt den Literaturwissenschaftler längst selbst, er mokiert sich über »riesige Migrantenströme« und wertet »Political Correctness« als »politisches Frömmlertum« ab.[9]

Die Verrationalisierung und Verschacherung der Welt um des Profitwillens beklagt auch Marx. Er hebt aber hervor: »Die sentimentalen Tränen, welche die Romantik hierüber weint, teilen wir nicht.« Denn sie redet von »Schändlichkeiten« ohne zu sehen, dass dieses Handeln der Logik des »Privateigentum«-Denkens folgt.[10]

Rebellen waren die Romantiker*innen nicht. In deren Rückbesinnung auf Vergangenes und auf die ewige Natur steckt keine Auflehnung gegen die Autoritäten dieser Welt, in der alles zur Ware und zu Geld wird. Dennoch: »Das Reflektivwerden der Modernisierung« fand ihren Nachhall in der gerade gebildeten »nationalen Bourgeoisie«, schreibt Stefan Breuer.[11] Eine antiaufklärerische Mentalität war früh in diesem romantischen Milieu virulent. An den »Versprechungen der Aufklärung«, dem Zugeständnis von universellen Menschenrechten und staatsbürgerlichen Rechten, störte die Bindung an Ratio und Logik. Weshalb in der Folge immer wieder der Verlust des Magischen und die Entzauberung beklagt werden wird.

In der Erzählung »Die Majoratsherren« bedauert der romantische Schriftsteller Achim von Arnim den »Verlust der magischen Welt«, konstatiert die Literaturwissenschaftlerin Susanne Asche und zitiert aus dem Werk: »Wie reich erfüllt war damals die Welt, ehe die allgemeine Revolution, welche von Frankreich den Namen erhielt, alle Formen zusammenstürzte; wie gleichförmig arm ist sie geworden!« Die Gleichförmigkeit kann als Gleichmacherei verstanden werden, in der die Gleichheit aller eben als gleichförmig erscheint. Ein Zustand, der nicht ersehnt wurde. E.T.A. Hoffmann bedauert ebenso den

»Verlust der Mannigfaltigkeit«.[12] Asche zitiert des Weiteren aus dem Sonett »Vorzeit und neue Zeit« der romantischen Dichterin Karoline von Günderrode: »Des Glaubens Höhen sind nun demolieret. Und auf der flachen Erde schreitet der Verstand, und misset alles aus, nach Klafter und nach Schuhen.«[13] Novalis dichtet im Jahr 1800: »Wenn nicht mehr Zahlen und Figuren sind Schlüssel aller Kreaturen, wenn die, so singen oder küssen, mehr als die Tiefgelehrten wissen, wenn sich die Welt ins freye Leben und in die Welt wird zurückbegeben, wenn dann sich wieder Licht und Schatten zu ächter Klarheit werden gatten, und man in Mährchen und Gedichten erkennt die ewgen Weltgeschichten, dann fliegt vor Einem geheimen Wort das ganze verkehrte Wesen fort.«[14] Ein geheimes Wort – die Einweihung – ist eines der zentralen Motive der Romantik: »Schläft ein Lied in allen Dingen, Die da träumen fort und fort. Und die Welt hebt an zu singen, Triffst du nur das Zauberwort.«, schreibt 1838 Joseph von Eichendorff.[15] Eine Blume, die blaue, sucht er 1818 im Gedicht »Die blaue Blume« und findet »sie nie«.[16]

Die »blaue Blume« ist wohl eines der am meisten nachklingenden romantischen poetischen Bilder. In dem Romanfragment *Heinrich von Ofterdingen* von Novalis taucht die Blume erstmals auf: »Was ihn aber mit voller Macht anzog, war eine hohe lichtblaue Blume, die [...] ihn mit ihren breiten, glänzenden Blättern berührte. Rund um sie her standen unzählige Blumen von allen Farben, und der köstlichste Geruch erfüllte die Luft. Er sah nichts als die blaue Blume und betrachtete sie lange mit unnennbarer Zärtlichkeit. Endlich wollte er sich ihr nähern, als sie auf einmal sich zu bewegen und zu verändern anfing; die Blätter wurden glänzender und schmiegten sich an den wachsenden Stengel, die Blume neigte sich nach ihm zu, und die Blütenblätter zeigten einen blauen ausgebreiteten Kragen, in welchem ein zartes Gesicht schwebte.«[17] Schöne Poesie, die berührt und bewegt. Eine Aufforderung zum Innehalten in einer sich immer mehr beschleunigenden Welt; eine Ermutigung, genauer zu schauen, nicht bloß zu sehen. Es gilt, ein Wunder zu entdecken, den Zauber zu erkennen. Den Verlust des Zaubers beklagt Novalis immer wieder: »Wir suchen überall das Unbedingte und finden nur Dinge«, schreibt er in der Fragment-Sammlung *Blüthenstaub*.[18] Es wird der Prozess der Verdinglichung beklagt, weniger der Prozess von Macht.

Lyrisch hält der Dichter Heinrich Heine diesem absoluten Welteintauchen mit seiner tiefen Rührung und allumfassenden Erhabenheit Ironie entgegen. In »Das Fräulein stand am Meere« dichtet er: »Mein Fräulein! sein Sie munter, Das ist ein altes Stück; Hier vorne geht sie unter Und kehrt von hinten zurück.«[19] Heine, erst selbst ein Romantiker, überwindet die Romantik. Ihn bewegten bei der Veröffentlichung 1832 längst nicht mehr übertragene Märchen und alterzählte Fabeln. In *Die romantische Schule* stimmt er den Abgesang auf die Weltflucht der Romantik an, die »die deutsche Jugend so verderblich zu verlocken wußte wie einst der fabelhafte Rattenfänger die Kinder von Hameln [...]«.[20] Stattdessen erfassten Heine die emanzipatorischen Aufbrüche und revolutionären Versuche und sie trieben ihn an. Mit dem magischen Idealismus der Romantik werden vielleicht die inneren Gedanken aufgewühlt, die gesellschaftlichen Verhältnisse, »in denen der Mensch ein erniedrigtes, ein geknechtetes, ein verlassenes, ein verächtliches Wesen« ist, werden aber kaum »zum Tanzen« gebracht. Und Karl Marx polemisierte 1843 über die Naturflucht: »Gutmütige Enthusiasten dagegen, Deutschtümler von Blut und Freisinnige von Reflexion, suchen unsere Geschichte der Freiheit jenseits unserer Geschichte in den teutonischen Urwäldern.«[21]

Susanne Asche unterstreicht, dass nicht nur ein Verlust der alten Welt von den Romantiker*innen beklagt wird, sie identifizieren gleichzeitig Jüdinnen und Juden als »Außenseiter und Gefährder der Harmonie«. Am Ende von »Die Majoratsherren« »treffen sich die Allegorisierung des Geldwesens mit der Kritik an der beginnenden Moderne in der Figur des Juden, beziehungsweise der Jüdin«.[22] Eine Überinterpretation? Ein Einzelfall? Nein, Novalis und Co. hatten eine politische Agenda. Mit der Gedicht- und Liedersammlung *Des Knaben Wunderhorn* (1805 bis 1808) wollten Achim von Arnim und Clemens Brentano die »deutsche Volkskultur« mit herausbilden. Die Lieder und Gedichte sollten als »überzeitliches, tief im Volk verankertes Deutschtum verstanden werden«, erklärt Asche. Den »kleinstaatlichen Grenzen« wurde ein geeintes Deutschland entgegengestellt.

In Berlin gründete Achim von Arnim 1811 die »Teutsche Tischgesellschaft«. Bis mindestens 1834 bestand der Kreis aus »Adel und dem höheren Bürgertum« sowie »Militärs, hohe[n] Staatsbeamte[n] aus Finanz- und Justizverwaltung und Professoren«, die zum Essen, Reden, Streiten und Gesang zusammenkamen. In den Statuten der Gesellschaft hatten die Gründer festgelegt, dass »Juden ausgeschlossen« seien. Sie waren nicht die einzigen Unerwünschten in der gehobenen Runde. »Gesang ist willkommen, Frauen können nicht zugelassen werden«,[23] schreibt Achim von Arnim im Gründungszirkular, zitiert Asche. Die Vision der Emanzipation von Juden und Frauen ist für diese Herren ein Gräuel und ein Graus. Sie stimmten einen Dreiklang von Antimoderne, Antisemitismus und Antifeminismus an.

Die Verortung der Frau jenseits von Gesellschaft geht mit einem spezifischen Dualismus einher: Eine »männliche Rationalität« und ein »weiblicher Irrationalismus«,[24] führt die Historikerin Shulamit Volkov aus. Die Romantik idealisiert diese Weiblichkeit als Mütterlichkeit, die angeblich rein und natürlich sei. Die Frau macht die Romantik als »Naturwesen« aus, das sie der »privaten Sphäre« zuordnet. Mit der Trennung von »Heim und Markt«, schildern Nadine Frei und Ulrike Nack, gehe die Zuschreibung der »natürlichen und umsorgenden Weiblichkeit« einher, die zum »Ideal« stilisiert werde.[25] Kulturelle Codes, die nachwirken. Der mal laut, mal leise vorgetragene Vorwurf gegenüber der berufstätigen Mutter, eine »Rabenmutter« zu sein, ist uralt und doch gegenwärtig.

Die darin ebenso mitschwingende Ablehnung der Aufklärung geht auf einen antifranzösischen und antimonarchischen Impuls zurück. Die Französische Revolution von 1789 mit ihrer Utopie von »Liberté, Egalité, Fraternité« nahmen mehrere europäische Monarchien 1791 zum Anlass, eine Koalition zu bilden. Diese hatte das Ziel, die Auswirkungen von revolutionären Utopien und Aktionen einzudämmen. Die öffentliche Hinrichtung von König Ludwig XVI. und Königin Marie Antoinette in Paris 1793 mit der Guillotine erschütterte die bestehenden Verhältnisse. In *Die Harzreise* versichert Heinrich Heine den »deutschen Fürsten«, dass sie wohl nie guillotiniert werden könnten: »Andere Völker mögen gewandter sein und witziger und ergötzlicher, aber keins ist so treu wie das treue deutsche Volk.« Und in dem 1826 veröffentlichten Reisebericht hält er fest: »Ihr habt das treueste Volk, und ihr irrt, wenn ihr glaubt, der alte verständige, treue Hund sei plötzlich toll geworden, und schnappe nach euren geheiligten Waden.«[26] Im Kreis der »Teutschen Tischgesellschaft« wird diese Ironie nicht willkommen gewesen sein. Heines Worte dürften von ihnen nicht zuletzt deshalb als abschätzig wahrgenommen worden sein, weil er trotz seiner Konversion zum Protestanten für sie ein Jude blieb. Die Herren der Tischgesellschaft einte eine »patriotische Gesinnung« und eine »antinapoleonische Haltung«.[27] Die Radikalität der »Teutschen Tischgesellschaft« bewog den jüdischen Schriftsteller Saul Ascher dazu, deren Verbot zu fordern. In dem 1817 beim Wartburgfest ins Feuer geworfenen Buch »Die Germanomanie« schreibt er zu deren reaktionärem Denken: »Diese Grundsätze verbreitet ein unter dem Namen *deutsche christliche Gesellschaft* im nördlichen Deutschland sich gebildeter Verein [...]. Er proklamierte seine Grundsätze in Broschüren und Pamphlets, die er mitunter mit hieroglyphischen Deutungen ausgab.« Sie sammelten Brennstoff »zur Verbreitung der Flamme des Fanatismus«.[28]

Die Mitglieder der Tischgesellschaft waren nicht die einzigen, die in einem nationalen Taumel antiaufklärerischen Traumata anheimfielen, ihn verdichteten und verbreiteten oder visualisierten. Die preußische Niederlage von 1806, so Rüdiger Safranski, war »die Stunde der politischen Romantik«.[29] Mythologie und Mythen wurden zu Politik und Poesie. Mit Pinsel und Staffelei zog auch Caspar David Friedrich in den propagandistischen Krieg, wollte Nationalismus und Heroismus befeuern. In den Jahren der Niederlagen gegen die französischen Truppen malte er 1807 sein erstes Ölbild. Mit dem »Hünengrab im Schnee«, schreibt Florian Illies, stelle der Maler trotzig »steinalte Eichen« um eine »germanische Grabstätte, lässt den Winter mit seinem Eishauch darüber ziehen und macht das Ganze zu einem ahnungsvollen Bild aus einem fernen germanischen Reich.« Für den Gottesgläubigen ist »der Teufel [...] klein und stämmig [...]. Kommt aus Korsika und spricht Französisch.« Die Franzosen erscheinen ihm als »apokalyptische Reiter, die seine deutsche Landschaft überrollen«. Caspar David Friedrich steht allerdings nicht in der freien Natur und malt die reale Welt. Er komponiert verschiedene landschaftliche Motive zu einem Motiv. »Es ist ein großer Irrtum, Friedrich für einen Künstler zu halten, der naturgetreu deutsche Landschaften gemalt hat.« Der »feinmalerische Künstler der deutschen Romantik« sei »eigentlich ein Konzeptkünstler« und kein »Naturalist«, legt Illies dar. Er verweist auch auf das Bild »Gräber gefallener Freiheitskrieger« von 1812. Auf einem hohen Stein ist der Anführer der Cherusker, Arminius »Hermann«, sichtbar, der in der zweiten Hälfte des Jahres 9 nach Christus mit seinen Soldaten bei der Varusschlacht die römischen Besatzer besiegte. »Alle seine Landschaften dieser Jahre sind patriotisch durchglüht, einmal lässt er sogar eine Schlange in den Farben der französischen

Trikolore auf einem Felsen mit ihrer Zunge spielen.« In den Befreiungskriegen verlor der »Nationalist« und »Patriot« seinen Freund Theodor Körner.[30] Der Schriftsteller war ebenfalls stark national entflammt: »Wem ruft des Sängers Vaterland? Es ruft nach den verstummten Göttern Mit der Verzweiflung Donnerwettern Nach seiner Freiheit, seinen Rettern, Nach der Vergeltung Rächerhand. Dem ruft mein Vaterland«, dichtet er 1813 in »Mein Vaterland« aus der Sammlung *Leyer und Schwerdt*.[31] Den nationalistischen Sound stimmt auch Ernst Moritz Arndt an. In dem mehrstrophigen »Vaterlandslied« beschwört der »Franzosen« und »Juden« verachtende Schriftsteller: »Der Gott, der Eisen wachsen ließ, der wollte keine Knechte, drum gab er Säbel, Schwert und Spieß dem Mann in seine Rechte; drum gab er ihm den kühnen Mut, den Zorn der freien Rede, dass er bestände bis aufs Blut, bis in den Tod die Fehde.«[32]

Für Heinrich Heine kein Einzelfall: Die Kräfte des Volkes sollten mobilisiert werden, jetzt wurde auch von »allerhöchsten Personen« von »deutscher Volkstümlichkeit, vom gemeinsamen deutschen Vaterland« gesprochen. »Der Patriotismus der Deutschen« würde einem jedoch im Unterschied zum »Patriotismus der Franzosen« das »Herz enger« werden lassen. »Man befahl uns den Patriotismus und wir wurden Patrioten«, schreibt Heine im Pariser Exil. Und er betont noch deutlicher: Die romantische »Schule schwamm mit dem Strom der Zeit, mit dem Strom, der nach seiner Quelle zurückströmt. Als endlich der deutsche Patriotismus und die deutsche Normalität vollständig siegte, triumphierte auch definitiv die volkstümlich-germanisch-christlich-romantische Schule«.[33]

Jener Patriotismus und Nationalismus, der in der Romantik auftaucht, gekoppelt an Inklusionen und Exklusionen, wurde sowohl im Kaiserreich als auch im Nationalsozialismus wohlwollend rezipiert und realisiert. In ihrer Zeit verhaftet können die Romantiker*innen nicht ohne Weiteres für spätere Zeiten haftbar gemacht werden. Ihnen haftet jedoch an, bei all der Verachtung und dem Hass auf die französische Besatzungsmacht, auch die »repräsentierten Werte und Prinzipien« der Französischen Revolution – Demokratisierung der Gesellschaft und Liberalisierung der Wirtschaft – vehement abgelehnt zu haben. Die Aufklärung wurde als französisch markiert – als fremd, als westlich. »Die Geister« wie Ernst Moritz Arndt, führt der Historiker Herman Graml aus, verloren sich »in einer mystischen Überhöhung der nun entdeckten deutschen Abstammungs- und Blutsgemeinschaft«. Selbst die »Wortführer und Deuter des bürgerlichen Nationalbewusstseins begannen in ihrer Auflehnung gegen die französische Fremdherrschaft alles Französische zu verdammen und folglich auch Liberalismus, Parlamentarismus, Demokratie als ›undeutsch‹ zu empfinden«.[34]

Die Erschütterungen durch die »kapitalistische Modernisierung« wurden durch die Dynamik des Liberalismus verstärkt.[35] Mechanisierung, Technisierung und Rationalisierung erschienen vielen Menschen als verheerender Prozess einer materialistischen Realität. Dieser wurde einer Irrationalität von Märchen, Fabeln, Legenden, Gesängen und Liedern gegenübergestellt. Mit diesem Zurück war auch die Wissenschaft fragwürdig geworden. In der romantischen Klage »wir sehen nur Dinge«

greift Novalis die Wissenschaft fundamental an. Der Dramatiker und Lyriker Peter Hacks erkannte in Novalis' »Hymnen an die Nacht« einen »Anschlag gegen die gesamte Aufklärung«.[36] »Zu Ende neigte die alte Welt sich. Des jungen Geschlechts Lustgarten verwelkte – hinauf in den freyeren, wüsten Raum strebten die unkindlichen, wachsenden Menschen. Die Götter verschwanden mit ihrem Gefolge – Einsam und leblos stand die Natur. Mit eiserner Kette band sie die dürre Zahl und das strenge Maaß«, singt Novalis in dem Gedichtzyklus.[37] Ohne Versmaß formuliert er ganz nüchtern: »Das Resultat der modernen Denkungsart nannte man Philosophien. [...] Das Licht war wegen seines mathematischen Gehorsams und seiner Frechheit ihr Liebling geworden [...] und so benannten sie nach ihm ihr großes Geschäft, Aufklärung.«[38]

Eine Wissenschaftsskepsis kann schnell zu einer Wissenschaftsfeindlichkeit werden. Aus der gebotenen Kritik an den Verhältnissen wurde eine vereinfachende Kritik. Sie differenzierte nicht zwischen dem ökonomischen Materialismus und dem philosophischen Materialismus. Die romantische Revolte begehrt nicht gegen jene Verhältnisse auf, die sich in der modernen Realität manifestierten. Die vermeintliche Rebellion kann im Rekurs auf Karl Marx' Kritik an der Religion als »illusorisches Glück« hinterfragt werden, das dem »Jammertal« entspringt, welches dieser »Illusion« bedarf.[39] Denn die Kritik hält dem ökonomischen Materialismus vor, Mensch und Natur alleine als Waren zu vernutzen und den Raubbau an Mensch und Natur weiter voranzutreiben, und sie hält sogleich dem philosophischen Materialismus entgegen, Mensch und Natur nicht in seiner Ganzheitlichkeit zu betrachten, die Erkenntnis von Mensch und Natur zu verengen. Diese umfassende Kritik blendet aber aus, dass ohne den philosophischen Materialismus der Mensch, die Mitmenschen und die Natur nicht erkannt werden können, eine fundamentale Veränderung nicht möglich sein wird. Die der Romantik immanente Kritik hinterfragt kaum die Machtrealitäten, sie geht häufig jedoch mit Irrationalismen und Spiritualismus, Esoterik und Mystizismus einher. Eine höhere Autorität tritt dann am fernen Horizont auf, steigt empor aus uralten Mythen oder dem deutschen Wald. Eine Erlösung oder ein Erlöser mit uneingeschränkter Autorität. Das Paradox darin: Die Romantik erscheint provokant und radikal. Sie äußert sich antikapitalistisch, denkt aber prokapitalistisch, sie erscheint standesübergreifend, verklärt jedoch das Feudale. Der »romantische Antikapitalismus«, so Peter Hacks, sei »eine Weise«, sich über den Kapitalismus zu beschweren, ohne ihm zu »schaden«. Und er ist eben auch eine Möglichkeit, den Feudalismus zu beklagen, ohne den Adel zu erschrecken.

Schaden nehmen in jener Zeit die Werte der Französischen Revolution, die als Schreckensbilder »für die europäische Propaganda in einen Kriminalfall«[40] umgedeutet werden, da sie Gott und Teufel missachten, aber Geld und Waren verehren würden. Ein Drift nach rechts, dem nicht zuletzt wegen seiner »Tendenz zum Irrationalen und Emotionalen« eine Affinität zum »völkischen Denken« immanent ist. Mehr noch. Aus dem romantischen Denken kann eine völkische Option folgen. Das Völkische sei »eine Folgeerscheinung« der Romantik, betont der Historiker George L. Mosse und benennt den Doppelcharakter: »Die Sehnsucht nach einer eigenen Identität, der Wunsch des Individuums, sich seinen Fähigkeiten entsprechend verwirklichen zu können, wurde von dem diesem Anspruch widersprechenden Wunsch begleitet, einen Stellenwert in einem größeren Gesamtsystem zu erlangen und nicht nur sich selbst zu gehören.« Im »romantisch-emotionalen Sinn war die Welt mit dem Kosmos durch die Übertragung« von Energie miteinander verbunden und konnte in Einklang gebracht werden. Diese ersehnte Einheit idealisierten und transzendierten Romantiker symbolisch im konstruierten Volk. Die »Romantiker waren jedoch keine reinen Mystiker«, auch wenn in ihrem Universum eine deutsche Mystik existierte. Das »Volk« erheben sie zu einer »höheren Realität«.[41] In »Reden an die deutsche Nation« beschwört der Philosoph Johann Gottlieb Fichte im Jahr 1806: »In der alten Zeit war ein solches Volk mit allen Erfordernissen zu dieser Bestimmung ausgestattet, vorhanden, und war dem Volke der Bildung recht wohl bekannt, und ist von ihnen beschrieben« worden. Dieses Volk habe die »Mittel der Wiederherstellung« zu entdecken und könne sich erheben.[42]

In der Romantik wurde die Trennung von Mensch, Natur und Volk aufgehoben. Die Natur erscheint »weder leblos, noch mechanisch, sondern mit einer tatsächlichen Lebenskraft gefüllt, die zu den Gefühlen der Menschen in Beziehung« steht. Die menschliche Seele habe so in den Dialog mit der Seele der Natur treten können.[43] Dieser Dialog bedingt nicht zwangsläufig völkische Implikationen. Er kann sie aber zur Folge haben, wenn das Glück, die Erlösung des »Einzelnen« nur in der »inneren Übereinstimmung mit der Natur [...] und seinem Volk« zu finden ist. Die Verzauberung der Welt ist bei einzelnen Romantiker*innen nur durch die Verwurzelung des Menschen im Volk möglich. Ihre Sehnsucht nach einer mittelalterlichen Vergangenheit bietet den Völkischen an, »die Wurzeln des Volkes in der entfernten Vergangenheit« zu sehen und zu suchen. Flora und Fauna spiegeln Volksseele und Volkscharakter. Die innere Landschaft ist der äußeren Landschaft gemein.[44] Die völkische Bewegung mit ihrer äußeren Heterogenität manifestiert sich als Gegen- und Suchbewegung. Sie entwirft aber »keine ›Alternative zur Moderne‹«, sondern bietet einen »Entwurf einer alternativen Moderne an«, merken die Historiker Uwe Puschner, Justus H. Ulbricht und der Germanist Walter Schmitz an. Diese Entwürfe seien aber weit entfernt von dem normativen Gehalt der Moderne des »Liberalismus und Individualismus«.[45]

Den Trend eines Vorwärts-ins-Zurück hinterfragt der Dichter Johann Wolfgang von Goethe bereits 1816 in dem von ihm mitverfassten Essay »Neudeutsche religiös-patriotische Kunst«: »Inzwischen war der Hang zum Altertümlichen in dem Volk wach geworden, der nunmehr unter patriotisch-nationaler Form hervortrat. Groß, ja übertrieben wurden die Äußerlichkeiten einer besseren Vorzeit wertgeschätzt, man wolle recht mit Gewalt zur alten Deutschheit zurückkehren. Daher die Sprachreiniger, die Lust an Ritterromanen und Schauspielen, Turnieren, Aufzügen, samt dem ganzen gotischen Spitzen- und Schnörkelwesen, welches bis in selbst die Kleidung sich erstrecke.«[46] Der Fan des Neo-Klassizismus ist nicht erfreut.

Das Zurück-zur-Natur und die Mystik treiben Mitte des 19. Jahrhunderts auch die erste Lebensreform-Bewegung an. Einer ihrer Vordenker ist Karl Wilhelm Diefenbach. Er wird als »Urvater der Alternativbewegung« geachtet und als »Kohlrabi-Apostel« belächelt. Zwischen Freikörperkultur und Veganismus verliert er sich nicht im Volks-Mythos. Anders jedoch Hugo Höppner, einer der Kommunarden Diefenbachs. Er gibt seinem Jünger Höppner jenen Namen, unter dem er bekannt wird: Fidus. In dem Bild »Lichtgebet« von 1922 verdichtet Fidus, der sich in deutsch-religiösen Gruppen engagiert, völkisch-nationale Aspekte visuell.[47] 1932 tritt er in die Nationalsozialistische Deutsche Arbeiterpartei (NSDAP) ein. Ein Jahr später offenbart er sich als glühender Anhänger von Adolf Hitler. Einem Bildnis des Führers, das er an Gertrud Prellwitz schickte, fügt er die Notiz hinzu: »Du erkennst die Selbstbeschränkung, die dieser universelle Held sich anerlegt! Wie auch wir opfern müssen!«[48] Die beschenkte Dichterin ist die richtige Adressatin, sie vertritt eine völkische Weltsicht und sieht den Gemalten als eine Erlösergestalt.

In dieser Argumentation konnte die Moderne als »jüdisches Projekt« (Shulamit Volkov) leuchten – mit den bekannten eliminatorischen Konsequenzen. Und Caspar David Friedrich? Der Maler der Romantik zürnt alleine über »die Franzosen«, die »unsere Felder und Flure« verwüsten: »Rüstet Euch heute zum neuen Kampf / Teutsche Männer, Heil Euren Waffen«, zitiert Florian Illies den Maler und ergänzt: »[w]as für ein Glück, dass das erst nach 1945 entziffert wird, als die deutschen Männer endlich wissen, dass ihre Waffen nichts als Unheil bringen.«[49]

Märchen und Natur

»Knusper, knusper, knäuschen! Wer knuspert an meinem Häuschen?« Diese Frage dürfte eine der bekanntesten Fragen aus dem deutschen Märchenschatz sein. Die Antwort in »Hänsel und Gretel« ist nicht minder unbekannt: »Der Wind, der Wind, das himmlische Kind.« In der Urfassung, die Wilhelm und Jakob Grimm 1812 nach verschiedenen aus Hessen stammenden Erzählungen verfassten, ist die Fragen noch »knuper, knuper, kneischen! wer knupert an meinem Häuschen!«[1] Die Lautmalerei verschwindet bei Ludwig Bechsteins Fassung von 1847 über die arme Holzfäller-Familie.[2] In beiden Fassungen ist die Antwort der Kinder Hänsel und Gretel dieselbe. Da das Essen nicht mehr für vier Personen reicht, setzen der Holzfäller und seine Frau ihre zwei Kinder im Wald aus. Doch der erste Versuch misslingt. Die Kinder hören die Überlegungen der Eltern, und auf dem Weg in den Wald lässt Hänsel Kieselsteine fallen. Beim zweiten Versuch kehren die Kinder nicht sofort zurück. Sie finden im Wald das Haus einer Hexe, die Gretel als Magd arbeiten lässt und Hänsel mästen will, um ihn später zu verspeisen. Die Hexe landet bekanntlich selbst im Ofen – dank Gretel. Den Anstoß, Märchen und Sagen zu sammeln, erhielten Wilhelm und Jakob Grimm von Achim von Arnim und Clemens Brentano. Und so beginnt man in der Romantik, Erzählungen zu sammeln und aufzuschreiben. Heute sind die Märchen in der Popkultur der Spätmoderne durch Film-Variationen, Chiffren und Adaptionen omnipräsent. Nicht immer ist der Ursprung der Story bekannt. Ihre Relevanz und Möglichkeit zur Identifikation kennt allerdings auch Björn Höcke.

Die »Volksmärchen« sollten schon Ende des 18. Jahrhunderts zu einer deutschen Identität beitragen. Eine »Kulturnation« wollten die Romantiker*innen errichten, schreibt Rüdiger Safranski und zitiert aus Novalis: *Deutsche Größe* »wohnt in der Kultur«.[3] Die Nuance, dass die Impulse zu den Märchen nicht aus dem »Volk«, den »einfachen Leuten« kamen, stört weder die Romantiker*innen noch ihre derzeitigen rechten Verehrer*innen. Es war vor allem Dorothea Viehmann, die den Gebrüdern die Märchen erzählte. Die Grimms lernten Viehmann 1813 kennen, die einer hugenottischen Familie entstammte. Sie erzählte ihnen mindestens 36 Märchen und deren Variationen. Die mündlichen Überlieferungen wurden von den Grimms stark bearbeitet. Ihre Herkunft verschwiegen sie jedoch nicht: »Einer jener guten Zufälle aber war es, daß wir aus dem bei Cassel gelegenen Dorfe Nieder-Zwehrn eine Bäuerin kennenlernten, die uns die meisten und schönsten Märchen des zweiten

Bandes erzählte.«[4] Der Lebenslauf der Bäuerin, die auch viele Geschichten im Gasthof ihres Vaters von Handwerksburschen und Fuhrleuten hörte, legt nahe, dass auch französische Überlieferungen in dem deutschen Volksgut Niederschlag fanden. Die eigene Kultur scheint schon sehr früh nie eine ganz eigene Kultur gewesen zu sein. Die bemühte Identität ist nicht minder eine bemühte Identität. Homogene Identitäten sind Konstruktionen – für eine vermeintliche Gemeinschaft, für das eigene Selbst. Wer sind wir? Wer bin ich? Dies sind die Ausgangspunkte jeder Identitätssuche und -findung. Und diese Form der Kulturidentitätsbildung strebt auch Björn Höcke an. Er sieht den »Märchenwald« im Naturpark Reinhardswald als gefährdet an, da Windkrafträder aufgestellt werden sollen. Der Vorsitzende des Thüringer AfD-Landesverbandes, den das Landesamt für Verfassungsschutz als »rechtsextrem« einstuft, postet am 24. November 2023 bei X: »#CDU und #Grüne holzen in #Hessen den #Reinhardswald, besser bekannt als Märchenwald der Gebrüder Grimm, für Windindustrieanlagen ab. Das ist so, als ob man die Burg Eltz für Sonnenkollektoren plattmacht. Ich bin traurig und wütend zugleich. Und ich frage mich, wie viel Schmerz den Deutschen noch zugefügt werden muß, bis sie lernen mündig und damit selbstbestimmt zu leben?« Der Post wurde »141 075 Mal angezeigt«.[5] Ein »Pälzer Krischen«, der angibt, AfD-Mitglied zu sein, versichert bei X am selben Tag: »Burg Eltz wird niemals eingenommen.« Keine Sorge, die Burg soll auch nicht erstürmt, die Zinnen nicht geschliffen werden. Der »Naturpark Reinhardswald« wird auch nicht abgeholzt werden. Dass mehrere User auf X die *Fake News* entlarven, dürfte den bestürzten AfD-Politiker nicht weiter stören: »Sie lügen: Alle Aufstellflächen liegen im forstwirtschaftlichen Teil. Es werden lediglich 14 Hektar für die geplanten Windkraftanlagen benötigt. Das sind ca. 0,07 % der Fläche des sogenannten Märchenwalds«, schreibt @FritziEf99084.[6]

Falschinformationen funktionieren aber oftmals, weil, wie so häufig, bei Propaganda nicht alles *Fake* ist. Seit Langem wird eine Auseinandersetzung über die Nutzung von Windkrafträdern im Märchenwald geführt. Vor Ort organisiert sich Protest. Bereits der Hintergrund des Waldes löst Emotionen aus. Der Trägerverein des Naturparks Reinhardswald stellt selbst heraus: »Nicht ohne Grund wird der Reinhardswald auch als Märchenwald bezeichnet. Historische Burgen, alte Bäume und idyllische Bäche inspirierten bereits die Brüder Grimm zu ihren bekannten Märchen. Rapunzels Turm in Trendelburg und das Dornröschenschloss Sababurg sind die bekanntesten Schauplätze Grimm'scher Märchen, die sich im Naturpark Reinhardswald befinden.«[7] Für Höcke ging es dabei sowohl um den Wald und seine Märchen, als auch darum, sich den Protesten vor Ort anzudienen.

Es war die *Bild*-Zeitung, die den emotional aufgeladenen Konflikt nach dem Post von Höcke dankbar aufnahm: »Deutscher Märchenwald wird für Windräder zerstört«, heißt es am 4. Dezember 2023. In gewohnt reißerischer Manier ist zu lesen: »Dornröschen ist tot. Rapunzel auf der Flucht. Denn der deutsche Märchenwald stirbt. Harvester haben Löcher in einen der größten zusammenhängenden Mischwälder Deutschlands gerissen. Die Baumfraß-Maschinen beißen vierzehn Kilometer autobahnbreite Baustraßen durch den Reinhardswald in Nordhessen, damit 241 Meter hohe Monster-Windräder aufgestellt werden können.«[8] Wer jetzt nicht erschüttert ist, hat einfach keinen Bezug zur deutschen Märchenwelt, ihrer Sinnhaftigkeit und -gebung. Ein Dornröschen muss gerettet, einer Rapunzel muss geholfen werden. Prinzen, Ritter, Männer voran!

Mit einer langen Erklärung versuchte der Trägerverein des Naturparks eine Versachlichung der Auseinandersetzung. »Aktuell bewegt der Windkraftbau die Gemüter im Naturpark Reinhardswald, der den Reinhardswald, das Diemeltal und den hessischen Bramwald umfasst«, schreibt der Verein und führt aus, dass »nach einer rund eineinhalbjährigen Prüfzeit« das Regierungspräsidium Kassel die Genehmigung für den Bau und den Betrieb von 18 Windkraftanlagen erteilt habe. Mehr als 30 Behörden und Stellen seien im Genehmigungsverfahren beteiligt. Immissionsschutzrechtliche Aspekte sowie Aspekte des Natur- und Artenschutzes, des Baurechts-, des Forstrechts und des Wasser- und Denkmalschutzes seien geprüft worden. Der Teilregionalplan Energie sehe vor, insgesamt zwei Prozent der Fläche Nord-Ost-Hessens für Windkraftprojekte zu nutzen.[9] Die Darlegung legt nahe, dass von einer kompletten Rodung des Waldes nicht gesprochen werden kann.

Doch der geschilderte Konflikt zeigt auf, dass, wenn *Fake News* von großen Medien popularisiert werden, sie eine neue Dimension erreichen und ihnen eine vermeintliche Legitimität gegeben wird. Dass das Boulevardblatt kein Garant für seriösen Journalismus ist, ändert an dem Effekt wenig.

Schon lange vor TikTok oder X erfolgten Verkürzungen in

gesellschaftlichen Debatten. In den sozialen Medien können aber Akteur*innen in einer neuen Dimension und Dynamik eine Komplexitätsverdrängung vorantreiben, die auch den Wunsch nach Überschaubarkeit und Sicherheit widerspiegelt. Sie wollen der Komplexität gar nicht erst gerecht werden, um dadurch möglicherweise auftretende Konflikte zu entschärfen. Im Gegenteil: Mit dem Post zum Märchenwald drückt der AfD-Politiker Höcke einen für ihn realen »Schmerz« aus, den er sogleich allen »Deutschen« zuspricht. Er stellt die rhetorische Frage, wann »sie« lernen, »mündig« und »selbstbestimmt« zu leben. Falsche Autoritäten sorgen angeblich dafür, dass »die Deutschen« unselbstständig und unmündig bleiben. In dem Gesprächsband *Nie zweimal in denselben Fluss* hebt Björn Höcke 2018 im Sinne der Identitätsfindung und Selbstermächtigung besonders Märchen, Schlösser und Wälder hervor. Der ehemalige Geschichtslehrer erzählt, dass er mit seinem Vater »viele Fahrten zu bekannten Burgen und Ruinen an Rhein und Mosel wie Rheinfels, Marksburg, Eltz oder Cochem« unternommen habe. »Das hat mich als kleiner Junge natürlich sehr fasziniert. Die magische Welt der Ritter und Burgen, das Mittelalter.« Von einer »romantisierenden Weltflucht« mag er jedoch nicht sprechen, sondern vielmehr von »einer Form der Weltzuwendung«. Die gemeinsamen Wurzeln ragen ihm folgend »nicht nur als Erinnerung in die Gegenwart«, als »greifbares Erbe aus der Vergangenheit«, sie seien »historische Konstanten«, die eine »identitätsstiftende Funktion« haben. Die emotionale Sehnsucht der Verwurzelung im Eigenen, die der Romantik immanent ist, geht in den Wunsch nach politischer Selbstermächtigung über. So fährt Höcke wenige Seiten weiter fort: »Die Anzahl von uns Deutschen ist am Schwinden und unsere kulturellen Quellen sind verschüttet.« Doch die Ruinen haben durch ihr bloßes Dasein »etwas Stärkendes. Was uns heute so romantisch vorkommt, das sind oft gerade jene Züge der kriegerischen Behauptung des Eigenen«, meint der Oberstudienrat aus Hessen. Die Romantik klingt bei Höcke mehr als an.

Der Schritt vom Eigenen zum Fremden ist im Konstruktionsprozess der Identitätsbildung nicht weit. Auch bei Höcke: Die Verteidigung des Eigenen, »diese Tugend«, scheine »den Deutschen und Europäern abhandengekommen zu sein«. In dem Gesprächsband, dessen Co-Autor Sebastian Hennig ist, der selbst zum Milieu um die AfD gehört, sagt Höcke: »Neben dem Schutz unserer nationalen und europäischen Außengrenzen wird ein großangelegtes Remigrationsprojekt notwendig sein. Und bei dem wird man, so fürchte ich, nicht um eine Politik der ›wohltemperierten Grausamkeit‹« herumkommen.[10] Dieses Vorhaben eines der einflussreichsten AfD-Politiker wurde sechs Jahre vor dem Bekanntwerden eines Treffens in Potsdam, bei dem AfD-Funktionsträger, CDU-Mitglieder und Unternehmer*innen mit dem Rechtsextremen Martin Sellner von der Identitären Bewegung über »Remigrations«-Pläne diskutierten, publiziert. Björn Höcke führte 2018 aus: »Auch wenn wir leider ein paar Volksteile verlieren werden, die zu schwach oder nicht willens sind, sich der fortschreitenden Afrikanisierung, Orientalisierung und Islamisierung zu widersetzen«, sei er sich sicher, dass »am Ende noch genug Angehörige unseres Volkes vorhanden sein werden, mit denen wir ein neues Kapitel unserer Geschichte aufschlagen können.« Und er versichert: »Wenn einmal die Wendezeit gekommen ist, dann machen wir Deutschen keine halben Sachen.«[11] Klingt nach Bürger*innenkrieg, sagt er aber so nicht.

Der Historiker Thomas Nipperdey notiert in seiner dreibändigen Geschichte der Deutschen: »Am Anfang war Napoleon«.[12] Diese Aussage wurde von dem Historiker Hermann Graml bereits 1995 infrage gestellt. Denn Epochen und Perioden lassen sich schwer eingrenzen.[13] Was Nipperdey meint: Mit den Befreiungskriegen wurde der Nationalismus manifest. Auch in der Lyrik und in Schriften diverser deutscher Dichter und Denker schlug sich dies nieder. Theodor Körner schreibt 1813 mörderisch handfest: »Gebt kein Pardon! Könnt ihr das Schwert nicht heben, so würgt sie ohne Scheu.«[14] Neben den nationalistischen Reflex tritt zur selben Zeit der Wunsch, den Herausforderungen der Moderne zu entkommen. Und wo konnten die Besorgten das besser als im Wald. Joseph von Eichendorff schwärmte 1810 in »Abschied«: »O Täler weit, o Höhen, O schöner, grüner Wald, Du meiner Lust und Wehen, Andächt'ger Aufenthalt! Da draußen, stets betrogen, Saust die geschäft'ge Welt, Schlag noch einmal die Bogen Um mich, du grünes Zelt!«[15]

Die anfangs noch weit »unpolitisch-pathetische Beschwörung des Waldes als genuin deutsche Landschaft der Seelentiefe begann um 1800 [...] in der deutschen Romantik«. Doch mit dem Rekurs auf Tacitus' Werk »Germania«, der den Wald »als Ursprung der Germanen, als Ort ihrer politisch-militärischen Versammlungen sowie als ›Heilige Haine‹ beschrieb«,[16] erfolgt eine Ideologisierung, so der Historiker Johannes Zechner. Diese Ideologisierung wird auch durch den Kulturhistoriker Wilhelm Heinrich Riehl herbeigeschrieben. 1854 wendet er sich gegen die »geschäft'ge Welt«: »Auch wenn wir keines Holzes mehr bedürften, würden wir doch noch den Wald brauchen. Das deutsche Volk bedarf des Waldes, wie der Mensch des Weines.« Die Engländer und Franzosen seien durch »Rationalität und Verstädterung« bereits eine »kulturlos gewordene Zivilisation«, fasste Zechner die Positionen von Riehl zusammen. Riehl gilt bis heute als Begründer der Völkerkunde und Wegbereiter des Naturschutzes.

Der Wald wie auch die Märchen sind im völkischen Denken politisch aufgeladen und emotional stark gewichtet. Dieses Denken hört nicht mit dem formalen Ende der völkischen Bewegung im Jahr 1918 auf, wie Uwe Puschner, Walter Schmitz und Justus H. Ulbricht festhalten.[17] Diese Weltsicht findet sich im Milieu der AfD. Einzelne Protagonist*innen werden immer deutlicher in ihren Aussagen – und offenbaren verborgene Implikationen.

Björn Höcke prescht bei dieser Strategie der Normalisierung rechtsextremer Chiffren, Codes und Positionierungen gern vor. So stellt er im erwähnten Gesprächsband 2018 klar, dass sowohl das Katholische als auch das Protestantische ihm »irgendwie fremd« geblieben sei. »Die biblischen Geschichten waren für mich Begebenheiten aus einer fremden Welt – es gab da zu viel Wüste und zu wenig Wald.«[18] Dieses Bekenntnis lässt offen, welches christliche Abendland die selbsternannten Retter*innen von der vermeintlichen Alternative über die Patriotischen

Europäer gegen die Islamisierung des Abendlandes (PEGIDA) bis zur Identitären Bewegung schützen und auferstehen lassen wollen. Die Chiffren »Wüste und Wald« gehören zu den Dualismen des völkischen Denkens, das ebenso »Bürger und Bauer«, »Stadt und Land«, »Gesellschaft und Gemeinschaft«, »Fortschritt und Kreislauf« sowie »Erkennen und Erfahren« gegenüberstellt. Jener Dualismus klang auch bei der Romantik an: »Wohl ist der Weltmarkt großer Städte eine rechte Schule des Ernstes, für bessere beschauliche Gemühter, als der getreueste Spiegel ihrer Zeit«,[19] meint Joseph von Eichendorff 1815.

Mit der Chiffre fremde Religion aus der Wüste könnte Höcke aber auch bewusst auf das Judentum anspielen, dessen spirituelle Wurzeln nicht im Wald liegen. Ohne es offen anzusprechen, spricht so der Oberstudienrat doch über die jüdische Religion. Das Juden- und Christentum machen nicht allein völkisch Denkende mitverantwortlich dafür, dass das Göttliche von der Erde in den Himmel gehoben wurde, so dass auf Erden die Achtung des Diesseits verloren ging. Im ökologisch-spirituellen Milieu gibt es ähnliche Argumentationen, dass beide Religionen den Raubbau an der Natur und den Missbrauch von Tieren gedanklich vorangetrieben haben. Was ich nicht schätze, wo ich nichts Spirituelles sehe, kann ich verwenden, vermarkten und vernutzen.

2020 griff das extrem rechte Ökomagazin *Die Kehre* solche Argumentationen auf. Der Chefredakteur Jonas Schick kommt von der Identitären Bewegung. Kein geringerer als Björn Höcke warb via Facebook für die Erstausgabe. Das gepostete Bild zeigt einen auf einer Parkbank sitzenden Rechtsextremen, der in das Magazin vertieft zu sein scheint. Höcke schreibt zu seiner Motivation: »Daß die heimathassenden Grünen das Thema Naturschutz gekapert haben, ohne ihm gerecht werden zu können, ist eine der Tragödien der deutschen Nachkriegsgeschichte.«

Mit *Die Kehre* solle der Naturschutz den Grünen »entwendet« werden.[20] Auf der Webseite wird die Intention des vierteljährlich erscheinenden Periodikums offen dargelegt: Es solle der »aktuell stattfindenden Verengung der Ökologie auf den ›Klimaschutz‹ Einhalt« gebieten und den Blick dafür weiten, worin ihre ursprüngliche Bedeutung liegt: dass sie eine Lehre von der gesamten Umwelt ist, die sowohl Kulturlandschaften, Riten und Brauchtum als auch Haus und Hof (Oikos) mit einschließt.[21] Im antimodernen Jargon argumentiert Schick gegen das System des Liberalismus und der globalisierten Industrialisierung und stellt Bezüge zu dem Begründer des »Heimatschutzes« Ernst Rudorff und dem Lebensphilosophen Ludwig Klages her. Auch der Oikos-Verlag, den der Chefredakteur ebenfalls betreibt, bezieht sich positiv auf Rudorff. »Das Gewachsene, das Althergebrachte zu erhalten, ist ein konservatives Grundanliegen. Das gilt auch für die Natur. ›Was ist aus unserer schönen, herrlichen Heimat mit ihren malerischen Bergen, Strömen, Burgen und alten Städten geworden?‹«, zitiert der Verlag den Heimatschützer auf seiner Webseite.[22] Rudorff, den der Naturhistoriker Nils Franke dem Milieu der Romantik zuordnet,[23] verlautbarte 1903, dass beim Schutz des »deutschen Volkstums« und der »deutschen Heimat« Juden und Frauen unerwünscht seien.[24] In der Beschreibung von Heft 16 der *Kehre* wird an Ludwig Klages erinnert: »Das Christentum hat innerhalb der ökologisch denkenden Rechten nicht den besten Leumund. Der Lebensphilosoph Ludwig Klages kann diesbezüglich als exemplarisch gelten mit seiner Rede vom ›siegreichen Monotheismus der israelitischen Propheten, denen das erstaunliche Kunststück gelang, zum persönlichen Herrn der gesamten Welt den schrankenlosen Haß auf die Göttlichkeit schlechthin dieser Welt zu erheben‹«.[25] Die antisemitische Konnotation ist kaum zu übersehen. Noch 1944 glaubt Klages an die Überlegenheit der Germanen: »Das germanische Wesen war als die vollendete Mischung aller Erdelemente angelegt.« Die »Rassenmischung« hingegen führe zur »Blutverschlechterung«.[26]

Die Inspiration für den Namen des Magazins ist ebenfalls eine Positionierung. Jonas Schick legt dar, dass man sich mit der Namenswahl bewusst auf das Werk *Die Technik und die Kehre* von Martin Heidegger beziehe. In dem 1951 als Buch veröffentlichten Vortrag ging der antisemitische Philosoph auf die Wirkung der Technologie ein, die eine fatale Gefahr für alles Seiende darstelle. Am Horizont erkannte er die Möglichkeit einer Kehre – die absolute Verneinung der Moderne. In seinem Jargon der vermeintlichen Tiefe heißt es: »Im Wesen der Gefahr verbirgt sich darum die Möglichkeit einer Kehre, in der die Vergessenheit des Wesens des Seins sich so wendet, daß mit dieser Kehre die Wahrheit des Seins in das Seiende eigens einkehrt.«[27]

In dem monatlich erscheinenden konservativen Magazin Cicero schlägt Alexander Grau 2015 vor, den »Meisterdenker« vom »Sockel zu holen«. Unter dem Titel »Heidegger war der braunere Nazi« führt der Journalist aus: »Wenn Heidegger ein Kritiker des Naziregimes war, dann weil ihm der Nationalsozialismus nicht radikal genug war. Martin Heidegger hatte sich deutlich mehr erhofft, als das Regime lieferte. Er war angewidert von den piefigen Alltagsnazis, die über ihre Phrasendrescherei vergaßen, worum es eigentlich ging: das Geschick des Abendlandes, einen Neuanfang, einen Weltenbrand, der das Sein freilegt unter dem Schutt der Moderne.« Auf eine »Vernichtung, [...] eine fundamentale Zeitenwende, die apokalyptische Überwindung des gegenwärtigen Zeitalters« hatte der Freiburger Philosophieprofessor gehofft. Der Nationalsozialismus überwand jedoch nicht die von ihm »verhasste Moderne«.[28] Diese sah Heidegger angetrieben durch die »wurzellosen Agenten«, die die »Verwüstung der Erde« und die »Entrassung der Völker« betrieben. In diesen Ausführungen erkennt die Philosophin Donatelle di Cesare einen »metaphysischen Antisemitismus«.[29]

Um aus dem Schatten des Nationalsozialismus zu treten, wird sowohl bei *Die Kehre,* dem Verein Ein Prozent und dem ehemaligen Institut für Staatspolitik diese Konnotation bewusst weggelassen. Die Vordenker jenes neurechten Spektrums – von Arthur Möller van den Bruck über Carl Schmitt bis Ernst Jünger – sollen in der breiten Öffentlichkeit nicht als indirekte Wegbereiter und direkte Vordenker für die Verbrechen des Nationalsozialismus wahrgenommen werden.

Die Kehre betreibt allerdings kein absolutes Mimikry. Sie will erreichen, dass in der gesellschaftlichen Mitte beim Thema Ökologie nicht mehr ausschließlich an das links-alternative

Milieu mit Bündnis 90/Die Grünen als parteiförmige Option gedacht wird. Hierfür bekam der Werbeträger Höcke viel Platz im Heft eingeräumt. Auf fünf Seiten legt er in einem Interview dar, dass, »wer sein Land liebt«, auch »dessen natürliche Lebensgrundlage erhalten« will. Es sei ein »Treppenwitz und Unglück zugleich, dass ausgerechnet« die Grünen das »Thema Natur- und Umweltschutz restlos gekapert« haben, »um ihre in letzter Konsequenz umweltfeindliche Ideologie den naturverliebten Deutschen als saftig-süße Melone zu verkaufen – außen grün und innen rot«.[30]

Auch Benedikt Kaiser bemängelt in *Die Konvergenz der Krise*, dass »heute im Alltagsverständnis der Menschen« die »Verortung von Umweltschutz- und Naturthemen im politisch links beheimateten Milieu« dominiere, die »Neue Rechte« habe jedoch ein »vergessenes ›ökologische Erbe‹«, das wiederentdeckt werden müsse. Kaiser, ehemals als Lektor beim Verlag Antaios von Götz Kubitschek tätig, verweist in diesem Kontext weder direkt auf die Romantik noch auf die völkische Bewegung des 18./19. Jahrhunderts. Er erinnert stattdessen an den Kreis um Lothar Penz, der 1974 die Solidaristische Volksbewegung (SVP) gründete. In ihrem Manifest warnt die SVP ein Jahr später vor dem »›falschen Menschenbild der materialistischen Ideologie [...] mit dem quantitativen Wachstumsdenken‹« und der »›Konsumgesellschaft‹«. Diese »inhumane Gesellschaft« habe die Entfremdung des Menschen und die Vergiftung von Natur und Nahrung zu verantworten.[31]

Die Kritik am Wachstums- und Konsumwahn, der alles verschlinge und verwerte, formulierten in den 1970er Jahren besonders linke Initiativen. Jene Nähe zu einer linken Kritik ermöglichte in Hamburg, dass Lothar Penz mit Mitstreitern beim Aufbau der Grünen Liste Umweltschutz mitwirken konnte. Sie versuchten ebenso, sich in Baden-Württemberg, Bayern, Hessen, Nordrhein-Westfalen, Schleswig-Holstein und Niedersachsen bei der Partei Die Grünen einzubringen, bis sie hinausgedrängt wurden.[32]

Diese Positionen und Konflikte denkt Benedikt Kaiser mit, als er in *Die Kehre* auf diese »gelegten Fährten« zu einer »Neuen Ökologie von rechts« setzt. So wundert es nicht, dass er den hierfür strategischen Text in *Die Kehre* veröffentlicht.[33] Die Netzwerke sind eng, die Maschen wiederholen sich.

Die vermeintliche Abholzung des »Märchenwaldes« thematisiert *Die Kehre* früh – weit vor Höcke.[34] Bereits 2022 reisten Jonas Schick und Mitglieder der AfD-Jugendorganisation »Junge Alternative« in den Reinhardswald. Unter dem Motto »Märchenwald muss bleiben« und mit Plakataufschriften wie »Heimat schützen« und »Für echten Naturschutz« protestierten sie gegen den Bau der Windräder.[35]

Die Aktivitäten von Björn Höcke und Jonas Schick zielen darauf ab, auch mit ökologischen Themen in der gesellschaftlichen Mitte Resonanz und Akzeptanz zu finden. Der Waldspaziergang und das Märchenvorlesen sind habituelle Attribute, die ein bürgerliches Milieu gerne pflegt. Den Wald nutzt Höcke 2018 als Bühne: »Steigen Sie ein, wir fahren hoch zum Wald«, begrüßt er in jenem Jahr Melanie Amann vom Spiegel. Er stellt sich mit Bezug auf die Medienberichterstattung über ihn als »Teufel der Nation« vor und lädt zum Gespräch beim

Wandern ein. Er trägt dabei ein kurzärmliges Hemd, eine kurze Hose und Wanderstiefel und versichert, die Natur sei sein »Quell der Kraft«. Die »Burg Hanstein im Rücken« wandern sie los, wobei Höcke vom »Bellen« der Rehböcke erzählt, schreibt Amann.[36] Mit dem Titel des Artikels »Der Waldgänger« nimmt sie Bezug auf den 1951 veröffentlichten Essay »Der Waldgang« von Ernst Jünger. Der »eiskalte Wollüstling der Barbarei« (Thomas Mann) warnt in dem Essay vor der »Hybris des Fortschrittes«, der den »Einzelnen« nicht »mehr in der Gesellschaft wie einen Baum im Wald« lasse, »sondern er gleiche dem Passagier in einem zu schnell bewegten Fahrzeug, das ›Titanic‹ [...] heißen kann«. Der Wald selbst verkörpere eine uralte Lehre. Sie finde sich in »Märchen und Sagen«, schreibt der Protagonist der Konservativen Revolution. Da sei »der Märchenwald mit den menschenfressenden Wölfen, Hexen und Riesen, aber auch dem guten Jäger darin, die Rosenhecken Dornröschens, in deren Schatten die Zeit stillsteht. Da sind die germanischen und keltischen Wälder, wie der Hain Glasur, in dem die Helden den Tod bezwingen.« Und ein paar Seiten später betont Jünger: »Der Wald ist Heiligtum.«[37] Im Wissen um all das widersetzt sich der Waldgänger dem Diktat des Zeitgeistes. Er kenne die »satanische Bosheit [...], ihre Verbindung mit der Wissenschaft und dem Maschinenwesen« und stehe nicht im »Banne der optischen Täuschung«, sein »Widerstand« sei »absolut«, »kenne kein »Pardon«, er besorge die »Sabotage« und verbreite »ständige Unruhe«.[38] Nur der wirklich Freie könne den Waldgang gegen jede Diktatur bestreiten. In diesem Freiheitskampf sieht sich auch Höcke, und zugleich als romantischer Adept der »Konservativen Revolution«. Mit der Moderne, so Höcke in dem Gesprächsband, habe die »Entfesselung unglaublicher Kräfte in der Wissenschaft, der Technik, der Ökonomie und der Kultur«, die »Loslösung des Individuums aus den mittelalterlichen Kollektiven« begonnen, und er versichert: »Es wird unsere historische Aufgabe sein, nach dem finalen Austoben der Moderne eine wirklich neue Ära vorzubereiten und einzuleiten: Die Nach-Moderne.«[39] Er lässt offen, ob ihm ein Zurück in das »kaiserliche Universum« vorschwebt oder ob er ganz natürlich sein Leben ohne Strom gestalten möchte. Klar ist für ihn, dass »der Westen« keine Option darstelle, wie er in einer Rede zum Tag der Deutschen Einheit am 3. Oktober 2022 in Gera erklärt. Vor applaudierendem Publikum sagt er, dass es im »Kampf zwischen den USA und Russland [...] nicht nur um Rohstoffe« gehe, es gehe »auch um ein anderes Menschenbild«. Aus dem Grund werde von westlichen Politikern und Medien sowie der Zivilgesellschaft regelmäßig auf »Russland, Ungarn und Serbien« rumgehackt. Doch die Staatslenker dieser Länder – wie Viktor Orbán in Ungarn – würden sich für ihr Volk gegen die »ungebremste Einwanderung« einsetzen, »gegen die Transformation ihrer Völker in ein gesichtsloses von perfekt durchmaterialisierten Konsumfaschisten«. Durch die USA als »Kernland« und die »BRD als wuchtigsten Brückenkopf in Europa« werde aber die »Zerstörung der Nation durch Masseneinwanderung« forciert. Sie hätten »Mann und Frau den Kampf angesagt, dem nichts mehr heilig ist: nicht der gute Geschmack, nicht der Fleiß, nicht unser grandioses historisches Erbe«. Das »Regenbogen-Imperium« will auch »die Seelen unserer Kinder«, prophezeit Höcke. Auf YouTube kann die knapp 30-minütige Rede bei *CompactTV* bis heute gesehen werden. In der November-Ausgabe des Magazins 2022 war die Rede nachzulesen. Sie endete mit einem Bekenntnis: »Wenn ich mich jetzt für das deutsche Volk entscheiden müsste, zwischen dem Regenbogen-Imperium, dem globalistischen Westen [...] oder dem traditionellen Osten, ich wählte den Osten!«[40] Doch Volk und Vaterland scheinen ihm noch nicht ganz verloren. Die »politische Elite« müsse »unsere Volksgeister wieder wecken«, hofft Höcke im Gesprächsband und versichert: »Wenn einmal die Wendezeit gekommen ist, dann machen wir Deutschen keine halben Sachen. Dann werden die Schutthalden der Moderne beseitigt.«[41]

Die Sagen und Märchen waren einst nicht für Kinder gedacht. Mit den Gedichten und Büchlein der Romantiker*innen in der Brusttasche oder im Tornister zogen Deutsche los, um den ausgemachten Schutt des vermeintlichen Zeitgeistes zu entfernen. Neue Autoritäten hatten gerufen. Die »falschen Propheten« (Leo Löwenthal), sie tönen schon lange und sie dröhnen nachhaltig. Die AfD-Bundessprecherin Alice Weidel plädierte auf dem Bundesparteitag am 11. und 12. Januar 2025 für die »Remigration« und gegen die Europäische Union und Gender Studies. Außerdem sagte sie in Riesa vor den rund 600 Delegierten unter Applaus, dass im hessischen Reinhardswald die »Windmühlen der Schande« beseitigt werden müssten. Den Ruf nach dem Sehnsuchtsort im Vergangene, wo alle »glücklich bis ans Ende ihre Tage lebten«, stimmt Weidel also ebenso an.

Sie alle lassen aber offen, wie ihr Vorwärts-ins-Zurück realisiert werden kann. Diese fundamentale Kehre kann durch demokratische Mittel eingeleitet werden. Sie müssen den Demokratien dann aber das Fundament nehmen.

Selbstermächtigung und Menschenfeindlichkeit

Am Pfandflaschenautomat fallen sie vielleicht mit ihren großen Müllsäcken auf. Im Hauseingang wird sich morgens eventuell an den Schlafenden vorbeigedrängt oder vor den Supermärkten von den Bittenden weggedreht. Die Obdach- und Wohnungslosen werden gerne ignoriert. In ihnen sehen wir möglicherweise uns selbst, wenn das eigene Leben aus den geplanten Bahnen läuft. Diese Perspektive führt zu Ausblendungen – aber auch zu Gewalt.

In den vergangenen Jahren sind die gewalttätigen Übergriffe gegen Menschen ohne festen Wohnsitz gestiegen. Einzelne Täter*innen dokumentierten sogar ihre Übergriffe auf Videos und teilten sie in Chatgruppen oder den sozialen Medien. Im Frühjahr 2024 misshandelten drei Männer und eine Frau einen Wohnungslosen über mindestens zwei Stunden hinweg und schickten Fotos und Videos an einen Bekannten. »Die Angriffe auf Obdachlose haben zugenommen«, sagt Heike Kleffner vom

Verband der Beratungsstellen für Betroffene rechter, rassistischer und antisemitischer Gewalt. Der Verein hat den Anstieg durch ein unabhängiges Monitoring erfasst, an dem sich acht Bundesländer beteiligten.[1] Die Einschätzung deckt sich mit Daten der Bundesarbeitsgemeinschaft Wohnungslosenhilfe. Dort wurden von 1989 bis 2023 allein 626 Todesfälle durch Gewalteinwirkungen dokumentiert. In 345 Fällen war die Gewalt von anderen Wohnungslosen ausgegangen, in 281 Fällen kam sie von Wohnungshabenden. Im gleichen Zeitraum registrierte die Bundesarbeitsgemeinschaft 2350 schwere Körperverletzungen, davon waren 1350 von Wohnungshabenden verübt worden. Die Unterscheidung zwischen Wohnungshabenden und -losen sei wichtig, erklärt die ehemalige Geschäftsführerin der Bundesarbeitsgemeinschaft, Werena Rosenke, im Interview mit dem Redaktionsnetzwerk Deutschland.[2] Denn während die Taten von Obdachlosen sich häufig in Notunterkünften ereigneten und nicht unbedingt als gezielte Angriffe zu verstehen seien, müsse man bei Nichtobdachlosen von gezielten Angriffen aufgrund von gruppenbezogener Menschenfeindlichkeit ausgehen. Schlagen in den Unterkünften die Ärmsten der Armen aufeinander ein, schlagen auf den Straßen Besitzende auf Besitzlose ein.

Die Angriffe gruppenbezogener Menschenfeindlichkeit verstärkt für Oskar Negt der »Kältestrom« einer neoliberalisierten Wirklichkeit. Er lasse den Wert des menschlichen Lebens insgesamt sinken, prognostizierte der 2024 verstorbene Soziologe und Sozialphilosoph 30 Jahre zuvor.[3] Empathie und Solidarität nehmen gerade auch gegenüber Schutz- und Hilfebedürftigen ab. Leistungsdruck und Verlustängste könnten jene, die Einkommen und Wohnung haben, zu Abwertungen und Angriffen gegenüber anderen treiben.

In der Studie *Die distanzierte Mitte* stellten der Erziehungswissenschaftler und Psychologe Nico Mokros und der Sozialpsychologe Andreas Zick für das Jahr 2023 fest, dass »Menschen und Gruppen, die dem Leistungsprinzip in der Gesellschaft scheinbar willentlich und mutwillig zuwiderhandeln« als »nutzlos, dumm oder faul« abgewertet werden. Diese Abwertung treffe in erste Linie arbeitslose oder obdachlose Menschen. Gerade Wohnungslose werden als störend im Stadtbild wahrgenommen. Knapp 20 Prozent der Befragten möchte bettelnde Wohnungslose aus den Fußgängerzonen entfernen lassen. In der Studie für die Jahre 2020/21 waren es noch 13 Prozent. Knapp über 40 Prozent der Befragten wollen eigentlich keine Obdachlosen im Alltag sehen.[4] Vor diesem Kältestrom der Empathiesenkung und Entsolidarisierung warnt auch Ralf Dahrendorf in einem Essay aus dem Jahr 1997. Unter dem Titel »Die Globalisierung und ihre sozialen Folgen werden zur nächsten Herausforderung einer Politik der Freiheit – An der Schwelle zum autoritären Jahrhundert« mahnt der Soziologe: »Globalisierung bedeutet, dass Konkurrenz groß- und Solidarität kleingeschrieben wird.«[5] Aus der Prognose der Globalisierungsrisiken ist längst Realität geworden. Die politischen Deregulierungen als Reaktion auf die Globalisierung trieb die soziale Desintegration an. Durch die »beschleunigte ökonomische Globalisierung« bekomme die »Versuchung des Autoritären« – immanent in der Malaise des Unbehagens – eine verschärfte

Dynamik, führt Wilhelm Heitmeyer aus.[6] Die staatlichen Reaktionen fluktuieren zwischen fortschreitender Deregulierung des Arbeits- und Finanzmarktes und verschärften Kontrollbemühungen gegenüber Arbeitenden und Transferleistungbeziehenden. Beides intendiert Autoritarismus. Heitmeyer ergänzt: »Ein zunehmender autoritärer Kapitalismus verstärkt soziale Desintegrationsprozesse in westlichen Gesellschaften, erzeugt zerstörerischen Druck auf liberale Demokratien und befördert autoritäre Bewegungen, Parteien und Regime.«[7] Die politische Lehre des demokratischen Liberalismus als integrales Moment der Moderne führt zu einem antidemokratischen Antiliberalismus. »Die Demokratisierung und das Gleichheitsideal müssen eine durch die kapitalistische Produktionsweise verursachte Klassenungleichheit zwangsläufig unerträglich werden lassen«, analysierte auch Eva Illouz. Diesen Widerspruch kann »der Liberalismus« kaum noch überwinden. Statt des Versprechens, die »Sicherheit der Bürger zu gewährleisten, multipliziert« er in »Wirklichkeit die Zahl der Ängste«. Die Hoffnungen, die mit der Moderne einsetzten, seien vermischt mit »Enttäuschung, Neid, Zorn, Ressentiment, Furcht und Nostalgie«.[8]

Sie hält in diesem Zusammenhang fest: »Die Moderne ist eine Mischung aus vermehrten Methoden der Menschenbeherrschung und der Naturzerstörung auf der einen Seite und echtem moralischen Fortschritt auf der anderen.« Nur in »dieser Spannung« sei die Moderne zu denken.[9] Jene Ambivalenz hat für Illouz in der »Auseinandersetzung mit dem Patriarchat und dem Heterosexismus [...] einen anhaltenden Widerhall«.[10] Die erfolgreiche Arbeit der Frauenbewegung hat zwar die traditionellen Geschlechter- und Rollenbilder ins Wanken gebracht. Die Zahl von Gewalttaten gegen Frauen und Angehörige der LGBTQIA+-Bewegung steigen aber an. Eine selbstständige Frau, eine berufstätige Frau wird von Männern zum Teil weiterhin als Bedrohung wahrgenommen. Die »weißen Männer« fühlen sich »als Opfer«, obwohl sie auf der Welt immer noch die meiste Macht haben. Ihren »Traum« von dem ihnen »angestammten Platz« sehen sie gefährdet. Und »wenn er sich nicht erfüllt, fühlen sie sich gedemütigt.« In ihrem »Zorn« scheint eine »nostalgische Sehnsucht nach der Vergangenheit« auf, schreibt Michael Kimmel über die »zornigen Männer« in den USA.[11] In diesem Zusammenhang verweist der Professor für Soziologie und Geschlechterforschung auf Bruce Springsteens Frage in dem Song »The River«. Das Lied, in dem sich der Musiker kritisch mit den Lebenszwängen eines Paars aus der *Working Class* auseinandersetzt, beginnt mit der Feststellung: »Ich komme aus dem Tal da unten, da wird man noch so erzogen, dass man alles genauso macht wie sein Daddy.« Es endet mit der Überlegung: »Wenn ein Traum nicht wahr wird, ist er dann eine Lüge? Oder schlimmer?«[12]

Die vermeintliche Abwertung des Mannes, die Enttäuschung, ein vermeintlich versprochenes Leben nicht leben zu können, ist in der westlichen Sphäre omnipräsent. Um dieses Phänomen zu verdeutlichen, zitierte Anne Applebaum den Journalisten Patrick Buchanan, der den Republikanern unterstellt, konservative Prinzipien nicht mehr zu vertreten. »In der Popkultur der 40er und 50er Jahre waren weiße Männer ein Vorbild. Sie waren Ermittler und Polizisten, die Verbrecher bekämpften, und sie waren Helden auf den Schachtfeldern in Europa und im Pazifik«, schwärmt er und blendet dabei die »Schwarzen« Soldaten und Opfer aus. Für die »weißen Kinder [werde] die Welt seither auf den Kopf gestellt. Die Geschichtsbücher der Schulen wurden umgeschrieben, alte Helden wurden ausgelöscht, ihre Denkmäler abmontiert und ihre Fahnen verstaut.«[13] Eine Analyse eines extrem Rechten, die wenig erläutert, aber stark emotionalisiert.

Doch Femizide und Gewalttaten gegen Frauen müssen als Resultat des Patriarchats betrachtet werden, aber auch als Reaktion auf die Krise der Männlichkeit. Bis heute gilt der Ausspruch »The Personal is Political« der feministischen Aktivistin Carol Hanisch.[14] Mit »Das Private ist politisch« oder das »Persönliche ist politisch« weitete die Frauenbewegung schon in den 1970er Jahren ihre Analysen sowie Forderungen aus. Und deren Forderung von damals »Stoppt die Gewalt gegen Frauen und Mädchen!« ist dramatischerweise 2025 kein bisschen überholt. Im Gegenteil.

Der »Bundeslagebericht« des Bundeskriminalamts erfasst für 2023 im November 2024 im Deliktfeld der Häuslichen Gewalt 180 715 weibliche Opfer – 5,6 Prozent mehr als im Jahr zuvor. Mit 52 330 weiblichen Opfer von Sexualstraftaten ist ein Anstieg von 6,2 Prozent festzustellen. Das BKA listet darüber hinaus 938 Tötungsdelikte auf, 360 Frauen und Mädchen kamen dabei ums Leben. Die damalige Bundesinnenministerin Nancy Faser (SPD) betonte: »Fast jeden Tag sehen wir einen Femizid in Deutschland.«[15] Vergewaltigungen, Missbrauch und sexualisierte Gewalt werden jedoch aus Scham und Scheu häufig immer noch nicht angezeigt. Damit dürfte die Dunkelziffer deutlich höher sein.

Die sexualisierten Straf- und Gewalttaten können als antimoderner Reflex wahrgenommen werden, wo sich Täter ihrer Maskulinität neu versichern wollen. Diese Gewalt trifft auch Queere oder Geflüchtete oder Menschen, die in der normativen Nostalgie als störend wahrgenommen werden oder sich in der Kommunalpolitik für Migrations- oder Diversitätszentren engagieren. Im Januar 2025 antwortete das Bundesinnenministerium auf eine Kleine Anfrage der Linken-Gruppe im Bundestag, dass das Bundeskriminalamt – im Vorjahr, ohne Berücksichtigung von Dezember 2024 – 33 963 Delikte im Bereich »Politisch motivierte Kriminalität – rechts« registriert hat. Im Jahr 2023 verzeichnete das BKA insgesamt 28 945 rechtsmotivierte politische Straftaten. 2024 ist die Zahl der Straftaten demnach um mindestens 17,34 Prozent angestiegen. Das liegt im Trend, denn die Zahlen wachsen in den vergangenen Jahren kontinuierlich um 20 bis 25 Prozent, so die Linken-Bundestagsabgeordnete und Rechtsextremismusexpertin Martina Renner. »Wenn wir uns nicht an mehr als 3000 Straftaten von Neonazis pro Monat gewöhnen wollen, müssen grundsätzliche Konsequenzen gezogen werden«, warnt Renner darüber hinaus.[16] Die Straf- und Gewalttaten der »Reichsbürger« lagen 2023 bei 1070 Delikten.[17]

Die Aktionen des Querdenken-Milieus bewegten das Bundesamt für Verfassungsschutz 2022 dazu, den neuen »Phänomenbereich« der »Verfassungsschutzrelevanten Delegitimierung des Staates« einzuführen. Auf der Webseite des Amtes finden sich zu dem Bereich allerdings keine Angaben zu Straf- und Gewalttaten. Bei all den staatlichen Interventionen gegen diese Personen und Netzwerke ist die Nichtanführung auffallend.[18] Hier kommt zum Tragen, dass die Einordnung von Straftaten von rechts generell umstritten ist und damit kein vollständiges Bild des Ausmaßes entsteht.

Die Bundesregierung erfasste seit 1990 »lediglich 116 Tötungsdelikte als rechts motiviert«, wie Anna Brausam von der Amadeu Antonio Stiftung konstatiert. Doch die Recherchen der Stiftung belegen »mindestens 219 Todesopfer« sowie »17 weitere Verdachtsfälle«.[19] Wenn die angeführten Zahlen, die als menschenverachtende Angriffe eingeordnet werden müssen, stimmen, erfolgten 2023 insgesamt 283 006 Straf- und Gewalttaten, statistisch gesehen jeden Tag 795 Fälle.

Die Täter*innen – ob nun der Attentäter in Halle, der am 9. Oktober 2019 zwei Menschen erschoss, oder der Attentäter in Hanau, der am 19. Februar 2020 zehn Menschen ermordete – sind nicht nur Teil einer *Hate Community,* sondern über die sozialen Medien auch global miteinander verbunden. Auch wenn sie die Taten allein ausgeübt haben, so hetzen viele und heizen die Stimmung mit an. Die Täter*innen binden sich selbst in den Prozess der negativen Vergesellschaftung ein – mit radikaler eliminatorischer Autorität. Sie rebellieren mit Gewalttaten und ordnen sich und die Opfer ihren autoritären Vorstellungen unter. Dieser Prozess und diese Dynamiken sind integral, so sehr, dass sie oft ignoriert werden.

In verschiedenen Studien zu rechtsextremen Einstellungen stellten Psycholog*innen, Soziolog*innen und Politolog*innen fest, dass »manifeste Zustimmungen zu rechtsextremen Aussagen« abnehmen. »Insbesondere und deutlich in Ostdeutschland« sei dies der Fall, heben die Soziologen und Psychologen Oliver Decker und Elmar Brähler, der Soziologe Johannes Kiess und die Sozialpsychologin Ayline Heller hervor. Allerdings geben sie in ihrer Studie *Autoritäre Dynamiken in unsicheren Zeiten* keine Entwarnung. »Denn der Rückgang der manifesten Zustimmung in der Neo-NS-Ideologie« werde begleitet »von einer relativ hohen latenten Zustimmung« für eine gruppenbezogene Menschenfeindlichkeit, der ein »Mobilisierungspotenzial« innewohnt. Die Zustimmung zu Dimensionen des Ethnozentrismus sei sogar gestiegen. Diese Variante des Rassismus erfahre mehr Zustimmung, ebenso der Chauvinismus. »Vor dem Hintergrund der Pandemie, welche von den Individuen eine große Anpassungsleistung abverlangte«, beobachten sie zudem eine »Rückkehr zu traditionelleren Rollenvorstellungen. Dies könne ein Gefühl von Kontinuität und Konstanz in unsicheren Zeiten erzeugen. Gleichzeitig sei »ein Anstieg des Antifeminismus und von Schuldabwehrantisemitismus zu verzeichnen« und auch »der Hass auf Muslime, Sinti und Roma« sei konstant hoch geblieben. Die Autor*innen der Studie schlagen deshalb vor, »vielmehr von einer Objektverschiebung der antidemokratischen Einstellungen zu sprechen als von einem Rückgang«. Dieser Konstante schreiben sie eine »autoritäre Aggression« zu, der der »Wunsch nach Autorität« und »Konventionalismus« immanent ist.[20] Im Kontext des »autoritären Symptoms« werden in der Studie unterschiedliche Fragen zu »autoritärer Aggression«, »autoritärer Unterwürfigkeit« und »Konventionalismus«

gestellt. Die Antworten zeigen die Spannungen: Der Aussage »gegen Außenseiter und Nichtstuer sollte in der Gesellschaft mit aller Härte vorgegangen werden« stimmten 34,5 Prozent der Befragten zu, 30,7 Prozent äußerten »stimme etwas zu«. Dass »Unruhestifter« deutlicher spüren sollten, »dass sie in der Gesellschaft unerwünscht sind«, stimmten 47,8 Prozent »voll und ganz zu«, 28,4 Prozent stimmten »etwas zu«. Dass »ohne Mitleid [...] gesellschaftliche Regeln« durchgesetzt werden, wollten 31,5 Prozent »voll und ganz« und 33,7 Prozent »etwas«. Einem »Starken Führungspersonal« für die Gesellschaft stimmten 27,4 Prozent »voll und ganz zu« und 33,8 Prozent »etwas zu«. Das Aufrechterhalten der »Traditionen« befürworteten 45,7 Prozent voll und 33,6 etwas. »Bewährte Verhaltensweisen sollten nicht infrage gestellt werden«, stimmten 36,5 Prozent voll und 35,7 Prozent etwas zu.[21] Die Zahlen spiegeln Wertvorstellungen wider. Vorstellungen, die sich auch in Abhängigkeit zu den Verhältnissen entwickeln. »Die beständige Anpassungsforderung in der Gesellschaft bringt eine Ambivalenz gegen sie hervor«, so Decker, Kiess, Heller und Brähler. Diese Ambivalenz impliziert die Kombination von Autoritarismus und Aggression. Sie tendiert gegen einen selbst und andere. Die Gewalt treffe die Abweichenden und Schwachen, die vermeintlich nicht zur normativen Gesellschaft gehören.[22]

Im Off dieser Analyse klingt die »Furcht vor der Freiheit« an. Der »autoritäre Charakter« habe »eine Vorliebe für Lebensbedingungen, welche die menschliche Freiheit einschränkt«, »verehrt die Vergangenheit« und hat Angst vor der Freiheit und Sehnsucht nach Sicherheit und Schutz, so Erich Fromm. Einen

»autoritären Menschen« wollte er niemals als einen »›Revolutionär‹« bezeichnen, sondern ihn »lieber [...] einen ›Rebellen‹« nennen.[23] Seine Analysen und Erkenntnisse schreibt der Sozialphilosoph 1941 in der Studie *Die Furcht vor der Freiheit* nieder. Eine der ersten Studien zum autoritären Charakter hatten Erich Fromm und die Soziologin Hilde Weiss bereits 1929/30 begonnen. In *Arbeiter und Angestellte am Vorabend des Dritten Reiches* wurde zwischen einem konservativ-autoritären Charakter und einem rebellisch-autoritären Charakter differenziert. Idealtypisch trägt der konservativ-autoritäre Typ »keine Einwände gegen die offenen Autoritäten ihrer Gesellschaft« vor, möchte das alte Bestehende mit »all [seinem] Glanz und [seinen] Machtsymbolen« bewahren, während der rebellisch-autoritäre Typ sich im »Kampf gegen die bestehenden Autoritäten« wähne, der durch »neue Ideologie auch neue Autoritäten« legitimieren werde.[24] Beide Charaktertypen eint die autoritäre Unterwerfung. Sie unterscheidet, dass der eine Typ so lange rebellisch ist, bis er für sich eine neue Autorität erlangt hat; der andere Typ hat sich fest eingerichtet in den alten Autoritäten. 1941 hebt Fromm hervor: Der Mensch könne die Angst und Last vor und von der Freiheit »nicht immer weiter ertragen. Er/sie muss versuchen, der Freiheit ganz zu entfliehen, wenn es ihm/ihr nicht gelingt, von der negativen zur positiven Freiheit zu gelangen.« Der »bevorzugteste« Fluchtweg sei die »Unterwerfung unter einen Führer« und die »zwanghafte Konformität«.[25] Antimoderner Reflex auf die moderne Realität.

Die staatlichen Maßnahmen während der Pandemie führten zur Abkehr aus der Mitte der Gesellschaft und zu einem Hinterfragen der staatlichen Autorität. Die Auseinandersetzungen befeuerten eine autoritäre Rebellion. Solch einen Prozess der Delegitimierung des Staates skizziert ebenfalls Erich Fromm schon am Vorabend des Dritten Reiches: Der Hass und die Verachtung gegen die Weimarer Republik seien durch eine ökonomische Notlage und eine individuelle Verunsicherung gewachsen.[26] Historische Vergleiche haben einen begrenzten analytischen Wert. Dennoch lohnt es, Analogien zur Gegenwart zu ziehen. Sind mit den wirtschaftlichen Einbrüchen und den persönlichen Freiheitsbeschränkungen auch die Anfeindungen gegen die Bundesrepublik gestiegen?

2022 sehen Carolin Amlinger und Oliver Nachtwey einen »autoritären ›Rebellen‹« in dem Querdenken-Milieu offen auftreten. Diese Freiheits- und Selbstentfaltungsbesorgten seien keine »irrationale Bewegung«, sondern »eine Nebenfolge der spätmodernen Gesellschaften«. Sie würden »die Freiheit, ihre Freiheit« auf »geradezu autoritäre Weise« einfordern und verteidigen. Sie rebellieren allerdings gegen die Werte der Spätmoderne: »Selbstbestimmung und Souveränität«. Die »zuweilen frivole Subversion und die rabiate Ablehnung anderer Ansichten«, so Amlinger und Nachtwey, zeugten »jedoch zugleich von autoritärer Einstellung. Sie verneinen die Solidarität mit vulnerablen Gruppen, sind verbal martialisch und hoch aggressiv gegen jene, die sie als die Verursacher von Einschränkungen ihrer Freiheit identifizieren«. Der libertär-autoritäre Typ würde sich aber »nicht mit einer Führerfigur« identifizieren. Sie identifizieren sich mit »ihrer Autonomie«.[27] Sie genügen sich selbst als Autorität, obwohl sie eigentlich »vor den »Komplexitätszumutungen der spätmodernen Welt« kapitulieren. Beide betonen: »Die libertären Autoritären« lösen nicht den »klassischen Autoritarismus« ab.[28] Ist die regressive Moderne in dieser Phase nicht an sich selbst gescheitert?, wie Oliver Nachtwey, Robert Schäfer und Nadine Frei überlegen.[29] In der Pandemie kulminierten anhaltende Krisen mit der ständigen Krise der Warenwelt, der Malaise des Lebens. Die Querdenker*innen, die sich weder links noch rechts verorten wollen, fühlten und fühlen sich zutiefst in ihrer Freiheit eingeschränkt. Jene Aktiven, die sowohl linke als auch rechte Positionen vertreten, bezeichnete Beate Küpper als »›Querfront‹-Personen«. In diesem Zusammenhang schreibt sie, dass sich linke Ideologien grundsätzlich von rechten Ideologien nicht nur alleine wegen der »Ideologie der Ungleichwertigkeit« unterscheiden. Die ausgemachten Personen verorten sich selbst »zu 48 Prozent politisch [...] in der Mitte« und protestieren »vordergründig gegen vermeintlich undemokratische Institutionen und Entscheidungen«. Die »Art und Weise« lasse jedoch erkennen, dass die »eigene demokratische Grundhaltung« zweifelhaft sei. Die Co-Herausgeberin der Studie *Die distanzierte Mitte* beobachtete 2023, dass einige von den »›Querfront‹-Personen« von links nach rechts gingen.[30] Diese Analyse korrespondiert mit der Analyse von Nachtwey, Schäfer und Frei von 2020. Bei der neuen Studie zur *Mitte* gaben 23 Prozent der »›Querfront‹-Personen« an, bei einer Bundestagswahl die AfD wählen zu wollen. Diese Personen neigen »auffallend oft zu demokratiefeindlichen Einstellungen« und zu einer »völkisch-autoritär-rebellischen Haltung«, die sich nicht mehr von einer rechtsextremen Ideologie unterscheide. Diese »›Querfront‹-Gruppe billige »mehr als andere Gruppen […] politische Gewalt«[31], hebt Küpper hervor. Sie sind nicht die einzigen autoritären Rebell*innen, die einen Tag X als Erlösung und Befreiung herbeisehnen.

Epilog

Sie treffen sich zum Doppelkopf. Vom zweiten Stock kommt Siggi in die übliche Runde. Denn Mo, ihr vierter Mann, war weg. Große berufliche Karrieren haben die Spielenden nicht gemacht. Das Spiel, die Karten, die Regeln bieten Halt im Alltag. Samstag Doppelkopf – und Braten von Frau Idzikowska. Bis Mo abtransportiert wurde. Die Sicherheit der Routine weicht der Verunsicherung. Der Ersatzspieler von oben ist allerdings nicht nur »sehr schlecht im Doppelkopf«, merkt der Protagonist in Saša Stanišićs Erzählung »Mo, der Panther und Petra, der Funker« an, was schon für genug Unruhe gesorgt hätte. Er sei auch nicht bloß irgendein »Tagträumer«, sondern »Reichsbürger«. Sein Einspringen irritiert den Protagonisten. Wie tickt dieser Ersatzspieler, »glaubt er an die Demokratie«, was triggert ihn, überlegt der Erzähler. Und was wird Siggi tun, wenn Mo wieder zu der Runde stößt? Wird er »Mo mit Handschlag begrüßen oder mit Hitlergruß?«. Eins aber steht für ihn fest, »der Siggi war ein Vollidiot«, der auch erst »auf Nachfrage« den Braten lobte.[1]

In der Literatur kann jemand einfach als »Vollidiot« bezeichnet werden, in der Politik ist das schwieriger. Saša Stanišić ist sich der Gratwanderung auch im Fiktionalen bewusst. Schiebt er doch nach: »Nichts gegen Vollidioten. Aber wenn du Doppelkopf spielst, hast du im Leben nicht viele andere Aufgaben als Doppelkopf zu spielen, und so schwer ist diese Aufgabe beim besten Willen nicht.«[2]

In den anhaltenden Debatten, wo soziale Konflikte entweder als Auseinandersetzung über Identität behandelt oder zu Diskussionen zur Ethnizität verschoben werden, sind wiederkehrende Pathologisierungen und Pauschalisierungen kaum konstruktiv. Mit Worten werden gleich Grenzen gezogen. Die Pathologisierung von politisch Engagierten führt immer zur Relativierung ihrer Ideologie und Intention.

Während der Pandemie war dies zu beobachten: Die einen waren »Schwurbler«, die anderen »Schlafschafe«. Das Gerede von »Rattenfängern«, denen einfach gefolgt werde, lässt die Eingefangenen letztlich als Ratten erscheinen. In dieser Rhetorik klingt paternalistisch durch, dass eine »emotionalisierte Masse« grundsätzlich »nicht in der Lage« zum »Selbstdenken« sei. Dieser vermeintlich »fürsorgliche, de facto aber vor allem herablassende Gestus [...] bestätige [...] den Verdacht, dass ›die Leute‹ nicht als mündige Bürger ernst genommen werden«, schreibt Jan-Werner Müller in einen Essay zu Populismus.[3] Die Populist*innen dürfen im Rekurs auf Leo Löwenthal auch als Prophet*innen betrachtet werden. Die Kritik an der Rhetorik hält Müller allerdings ebenso den Anti-Populist*innen vor: »Natürlich müssen wir die Ängste ›der Leute‹ ernst nehmen – was sie sagen, wird dann aber immer nur als Symptom irgendwelcher Sozialpathologien interpretiert, nicht als eventuell bedenkenswerte Systemkritik. Wer genau hinhört, vernimmt hier vielleicht noch ein Echo alter vordemokratischer Vorurteile über die ›Pöbelherrschaft‹«.[4]

Der »Pöbel« löste früh Ängste aus. Vor der raunenden Wut gegenüber der aufkommenden Industrialisierung und Urbanisierung mit ihren sozialen Konflikten warnt Heinrich Heine 1852 mit einer Tiermetapher: »Es gibt zwei Sorten von Ratten: Die hungrigen und satten. Die satten bleiben vergnügt zu Haus, die hungrigen aber wandern aus«, stellt er in »Die Wanderratten« fest und führt in 14 Strophen aus, dass die nichtsatte Bevölkerung eine »radikale Rotte« werden würde, die »nichts von einem Gotte« wissen, sondern nur »fressen und saufen« wolle. Der »Bürgerschaft« und »den Pfaffen« würden jedoch weder »Pfaffengebete« noch »Senatsdekrete« und »Hundertpfünder« mehr helfen. »Heut helfen Euch nicht die Wortgespinste Der abgelebten Redekünste. Man fängt nicht Ratten mit Syllogismen, Sie springen über die feinsten Sophismen. Im hungrigen Magen Eingang finden Nur Suppenlogik mit Knödelgründen, Nur Argumente von Rinderbraten, Begleitet mit Göttinger Wurst-Zitaten«. Und Heine weiter: »Ein schweigender Stockfisch, in Butter gesotten, Behagt den radikalen Rotten Viel besser als ein Mirabeau Und alle Redner seit Cicero.«[5]

Kritik an der liberalen Gesellschaft mit emanzipatorischen Perspektiven und ökonomischer Balance formulierten bereits die Romantiker*innen, Rechtsextreme und Reichsbewegte radikalisieren sie. Die Querdenkenden konnten über diese Kritik neue Allianzen schließen. Diese Mischszene verbindet, die antimoderne Sehnsüchte nach einer vormodernen Erlösung eint.

»Die Gleichung von Geist und Welt geht am Ende auf, aber nur so, dass beide Seiten gegeneinander gekürzt werden. In der Reduktion des Denkens auf mathematische Apparaturen ist die Sanktion der Welt als ihres eigenen Maßes beschlossen«, postulieren keine Romantiker*innen, sondern Theodor W. Adorno und Max Horkheimer in *Die Dialektik der Aufklärung.* Sie wollen allerdings keine antimodernen Geister – Burgen und Reiche – herbeisehnen und heraufbeschwören. Sie hielten 1944 vielmehr fest: »Was als Triumph subjektiver Rationalität erscheint, die Unterwerfung alles Seienden unter den logischen Formalismus, wird mit der gehorsamen Unterordnung der Vernunft unters unmittelbar Vorfindliche erkauft.« Ein Kauf, der nur zum Weitermachen bewegt, nicht zum Nach- und Umdenken. Sowohl im Globalen Norden als auch im Globalen Süden sehen wir die Katastrophe durch die Erderwärmung. Und was tun wir? Wir schauen größtenteils weg und verdrängen.

In der »Aufklärung« komme die »Mythologie« wieder zurück, der sie nie ganz »entrinnen« konnte, konstatieren Adorno und Horkheimer weiter. »Denn Mythologie hatte in ihren Gestalten die Essenz des Bestehenden: Kreislauf, Schicksal, Herrschaft der Welt als die Wahrheit zurückgespiegelt und der Hoffnung entsagt.« Die »Welt als gigantisches analytisches Urteil, der einzige, der von allen Träumen der Wissenschaft übrig blieb, ist von gleichem Schlag wie der kosmische Mythos.« Diese Herrschaft werde mit der »Entfremdung der Menschen von den beherrschenden Objekten« bezahlt. Sie werden aber ebenso mit den »Beziehungen der Menschen« durch die »Versachlichung des Geistes [...] verhext, auch die jedes Einzelnen zu sich« selbst. Er/Sie schrumpfe »zum Knotenpunkt konventioneller Reaktionen und Funktionsweisen zusammen, die sachlich«[6] erwartet werden, resümieren Adorno und Horkheimer. Dem folgend führt Adorno 1962 zum autoritätsgebundenen Charakter aus, dass diese »Menschen [...] auf der einen Seite beherrscht sind von verdrängter Wut, aber auf der anderen Seite [...] [sich] mit der sie unterdrückenden Autorität«[7] identifizieren. Kompensationen helfen – vermeintlich. »Fünf Minuten auf der Autobahn sollten eigentlich genügen, um sich davon zu überzeugen, dass hier nicht die Zivilisation herrscht, sondern das Gesetz des Dschungels«, führt Stefan Breuer an.[8] Die Potenz der PS, die Stärke der Motoren und durch sie die Macht im Geschwindigkeitsrausch dürfe nicht unterbunden werden. Was »den Amerikanern« das Waffengesetz ist, ist »den Deutschen« das Tempolimit. Beide Regelungen sind bekanntlich sakrosankt. Die »verdrängte Wut« wird durch die negative Vergesellschaftung flankiert, die aus der Aufklärung heraus Inklusion des »Eigenen« idealisiert und die Exklusion des »Fremden« etabliert. Dieser Prozess ist immer ein Dialog zwischen einem »äußeren und inneren Selbst«, der Emotionen auslöst. Eva Illouz betont, dass diese Emotionen sich allerdings nicht alleine »innerhalb des Selbst« abspielen, sondern an der Schwelle vom Äußeren und Inneren. »Der Neid auf meine Nachbarin, die Furcht vor dem Fremden oder der Nationalstolz sind Weisen, die Schwelle zwischen meinem Selbst und der Welt zu errichten, auszuhandeln und aufrechtzuhalten.«[9]

Diese Weisen spiegeln das autoritäre Syndrom wider. Charakteristisch seien Konventionalität und Aggressivität, Unterwürfigkeit und Machtdenken, Stereotypisierung und Komplexitätsreduzierung sowie Apathie und Zynismus, wie Theodor W. Adorno zusammenfasst. Und er schreibt weiter, dass »die Gleichzeitigkeit von blindem Gehorsam« mit der Bereitschaft einhergeht, »was schwach erscheint und gesellschaftlich als ›Opfer‹ akzeptabel« ausgemacht ist, angegriffen werden kann. Die »unverhüllte Identifikation« an die über einem Stehenden schlägt in Aggression um gegen jene unter einem.[10]

Jene Projektion kann die Realität nicht erhellen. In der Dreigroschenoper dichtet Bertolt Brecht: »Denn die einen sind im Dunkeln Und die andern sind im Licht. Und man siehet die im Lichte Die im Dunkeln sieht man nicht.«[11] In den Verschwörungsnarrativen der Rechtsextremen, Reichsideologie- und Querdenken-Bewegten fällt das Licht allerdings auf die vermeintlich Verantwortlichen. Und eben diese wollen sie zur Verantwortung ziehen. Damit richtet sich die autoritäre Rebellion gegen Autoritäten. Auch wenn der Tag X vielen als ein Phantasma erscheinen mag, stellt er ein Szenario dar, dass bereits vorbereitet wurde. Die »regressiven Rebellen unserer Tage«, so heben Carolin Amlinger und Oliver Nachtwey hervor, »rebellieren gegen die Institutionen und Apparate.«[12] Der »Siggi« von Saša Stanišić besitzt auch »wegen seiner gesellschaftspolitischen Vorstellungen eine Waffe« und Knowhow über Wehrmacht und Panzer.[13]

Der rebellisch Autoritäre, den Erich Fromm wahrnahm, ist heute noch sichtbar. Er/Sie rebelliert so lange gegen die nicht mehr akzeptierte Herrschaft oder Ordnung, bis sich einer akzeptablen Herrschaft und Ordnung unterworfen werden darf.

Der libertär Autoritäre rebelliert und akzeptiert vor allem seine individuelle Autorität, wie Carolin Amlinger und Oliver Nachtwey ausführen. Beide Wendungen des Autoritären eint, für Freiheit und Demokratie zu protestieren, die sie in ihrem Sinne umdefinieren. Sie wollen eine Freiheit ohne die Freiheit der Andersdenkenden, und sie wollen eine Demokratie, ohne demokratische Regeln befolgen zu müssen.

Im libertären Autoritarismus blitzt in Form von »frivolen Subversionen« zudem die Lust an der Zerstörung um des Lust- und/oder Können-Willens auf. Donald Trump oder Elon Musk scheinen Freude daran zu haben, staatliche Institutionen und rechtliche Ordnungen aushebeln und ausschalten zu wollen. Demokratien werden durch solche Lustspiele zersetzt. Diese Lust ist auch im Milieu der AfD anzutreffen. Dort, wo die Partei parlamentarische Macht erhält, führt sie die demokratische Ordnung vor. Die Delegitimierung des Rechtsstaates betreiben nicht ausschließlich Reichsideologie- und Querdenken-Bewegte. Der Spaß, die Ironie, mit der die »geistige und künstlerische Elite« vor 1933 dem Totalitären und »dem Bösen« frönte und feierte, beschreibt Hannah Arendt als mit ursächlich für das Aufkommen »totaler Herrschaft«. Der »Radikalismus als solcher«[14] imponierte. Das Lustspiel der Antidemokrat*innen wird zum Trauerspiel für Demokrat*innen. Der Clou der falschen Prophet*innen – ihr Paradies, ihr Nirvana – bleibt im Ungefähren. Allein die Feinde sind klar markiert.

Ein Vorwärts-in-ein-Zurück. Doch wie weit zurück? Während die einen Reichsideolog*innen klare historische Reichsvorstellungen haben, rufen die anderen eigene Königreiche aus. Viele Querdenkende möchten näher an die Natur, andere Querdenkende wollen mehr Autonomie. Doch in der Vergangenheit waren nicht alle Menschen Fürsten oder Prinzessinnen, die meisten waren Knechte und Mägde. Im Einklang mit der Natur überlebte der Mensch kaum, zum Überleben muss der nackte Mensch aus der Natur sich sein Lebensumfeld erschaffen. Sie alle haben gemeinsam, durch eine Sehnsucht nach einer verklärten Vergangenheit Komplexitätszumutungen auszuweichen. Der »Trick« ist fast banal. Die »falschen Propheten« erinnern stets an die »gute alte Zeit«, ohne die Zeit genau zu benennen.[15] Eine Erinnerung wird wachgerufen, ein Gefühl der Nostalgie bedient. An eine Sehnsucht nach einer Gemeinschaft und Heimat, in der Komplexitäten den Alltag nicht beeinflussten und bestimmten, wird appelliert. Dies soll dann aber bitte ein Reich oder eine Republik sein, wo Männer noch Männer, Frauen noch Frauen, Familien noch Familien sind, ein Beruf noch ein Beruf, eine Lebensplanung noch eine Lebensplanung ist und Gastarbeiter noch Gastarbeiter sind. Eine weiße Normativität, die nur in der nostalgischen Konstruktion eine vermeintliche Realität darstellt. Über Travestie wird im Theater gelacht, Queerness im Alltag verurteilt. Der Schweinsbraten wird genüsslich verspeist, ohne das ganze Vegetarier-Genörgel. Das Auto hat stets freie Fahrt, während Radwege nicht zu beachten sind. Alleinerziehende Frauen müssen sich schämen. Beeinträchtigte Kinder werden separiert. Schwule Paare, migrantische Personen und nicht-christliche Gläubige sollen nicht auffallen oder gar Rechte beanspruchen. Diese Aufzählung könnte fortgesetzt werden.

»Deutschland, aber normal« war der Wahlkampfslogan der AfD zur Bundestagswahl 2021. Das Motiv eines »Ortes der Vertrautheit und Geborgenheit in unruhigen Zeiten«, unterstreicht Daniel Mullis, sei »ein Ort, an dem die Unruhe nicht nur draußen bleibt, *sondern* [Hervor. i. Orig.] gar nicht mehr existiere.« Eine Realitätsflucht, die nachvollziehbar ist, aber weder einem selbst noch der Welt helfen wird. Rechtsaußen Stehende möchten »die Mitte« gewinnen, indem sie »die Hoffnung« schüren, die »eigenen Privilegien als Individuum und als Nation erhalten zu können«. Sie geben zudem das Gefühl, sich nicht »schlecht fühlen« zu müssen, »wenn man sich nur um sich und die Seinen kümmert«. Soziale Ungleichheit wird so gerecht.[16] Dieses Gefühl, dass alles gut werde, weil alles beim Alten bleibe bzw. wieder so werde, suggeriert nicht nur die AfD. Normalität, Ordnung und Überschaubarkeit versprechen auch andere Parteien.

Diese Normalität war in der weißen Mehrheitsgesellschaft jedoch nie normal, sie selbst erzwang diese Normalität. Sie kostete Leben und Entwicklungschancen. Die erkämpften Lebens- und Entwicklungsräume durch progressive Bewegungen sind regressiven Bewegungen längst viel zu weiträumig. Selbstbestimmte Räume sollen wieder geschlossen werden. Die autoritäre Rebellion will erstrittene Liberalität und Libertinage der vergangenen Jahrzehnte zurückdrängen. Eine »Regression der Mitte«, die den Ausschluss von »sozialer und demokratischer Teilhabe« impliziert, geht mit der Verteidigung der Privilegien einher, so Mullis.[17] Diese restriktiven Reaktionen kommen aus der gesellschaftlichen Mitte und finden in der Mitte politisch mehr Akzeptanz. Auf »Wut«-Bürger*innen gehen in der Politik nicht nur Konservative zu. Diesen Wütenden scheint jeder Wandel und jede Veränderung, die aufgrund sozialer Konflikte und ökologischer Katastrophen geboten sind, mehr und mehr als zu weitgehend und weitreichend. Nicht nur manifestiert sich darin eine Transformationsverweigerungsmentalität, sondern Transformationsverweigernde, die sozial Engagierte und ökologisch Aktive anfeinden, werden dadurch auch gestützt. In diesem Kontext zeigt Daniel Mullis eine Differenz auf: Während auf die regressiven Bewegungen in Politik und Medien mit Verständnis und Dialogbereitschaft zugegangen wird, zeigen Politik und Medien gegenüber den progressiven Bewegungen vielfach Unverständnis und verweigern den Dialog. Die Belange »besorgter Bürger« werden als legitime Sorgen dargestellt, die Warnungen von besorgten Klimaaktivist*innen werden oft als illegitime Sorgen hingestellt.[18] Rassist*innen werden zu Wut-Bürger*innen und Klimaaktivist*innen zu Klimaterrorist*innen. Die einen suchen im Gestern das Glück, die anderen hoffen, heute das Zukünftige retten zu können. »Regression der Mitte bedeutet, dass der Möglichkeitsraum des Glückes sich ins Gestern verlagert,«[19] pointiert Mullis. Ähnlich formuliert es Eva Illouz, wonach die Moderne die »moralische und materielle Landschaft einem rasanten Wandel« unterziehe und »damit Nostalgie zu einem Schlüsselmerkmal restaurativer Politik (zu) mache(n), jene Politik, die die Verluste wiedergutzumachen verspricht«. Diese emotionale Nostalgie berge in sich die Gefahr, dass die Politik, statt ihre Ziele auf Gegenwart oder Zukunft zu richten, »die Vergangenheit zum einzigen Ziel« erklärt.[20]

Ein Hinausdenken über das Bestehende, eine mögliche Fantasie, fällt Siggi in der Erzählung von Saša Stanišić schwer. Der Reichsbürger möchte ein vorgetragenes Erlebnis von Mo auf seine Wahrheit überprüfen. Damit bricht er die nicht ausgesprochenen Spielregeln, nach denen das »Leben im Traum« von Mo, dem »älteste(n) Freund« des Protagonisten, einfach akzeptiert wird. Und irgendwie wird deutlich: Zum Doppelkopf und Braten wird Siggi nicht mehr eingeladen.[21]

Die autoritären Rebell*innen unterschiedlicher Couleur können nicht stillschweigend ausgeladen werden. Nicht nur, weil sie so laut, sondern auch, weil sie so raumeinnehmend sind. Die rebellisch Autoritären und libertären Autoritären streben nach dem Totalitären, manche nach einem Reich, manche nach vermeintlicher Freiheit. Sie sind bereit, die Freiheit »gegen ein System ›auszutauschen‹, das alle Ansprüche für menschliche Würde und Gerechtigkeit preisgibt«, zitiert Oliver Nachtwey Adorno.[22] Dieser Extremismus der Mitte ist kein temporäres Phänomen. Schon Adorno und Horkheimer heben hervor: »Der Fluch des unaufhaltsamen Fortschrittes ist die unaufhaltbare Regression.« Das »Wesen der Aufklärung« sei aber, Alternativen zu denken.[23] Nicht jene regressiven Alternativen, wie sie die selbsternannte Alternative anstrebt. Die Furcht vor der Freiheit würde ihr Fundament verlieren.

Anmerkungen

Prolog

1 tagesschau.de: Kinder unter dem Radar, 07.07.2024, https://www.tagesschau.de/investigativ/br-recherche/reichsbuerger-kinder-100.html (überprüft: 25.11.2024).
2 Siehe auch: Andrea Röpke/Andreas Speit: Völkische Landnahme, Berlin 2019.
3 taz.de: Eine Schule fürs Querdenken, 07.06.2021, Andreas Speit, https://taz.de/Freie-Schule-in-Hamburg-beantragt/!5773020/ (überprüft: 25.11.2024).
4 Siehe: Zentrum Liberale Moderne: Popkultur von rechts, Berlin, 26.11.2024, S. 12.
5 Rapbellions: Ich mach da nicht mit. Auf: Goldlöwen Sampler Nr. 1, Mai 2021.
6 https://www.rapbellions.com (überprüft: 25.11.2024).
7 Oliver Decker/Johannes Kiess: Moderne Zeiten. In: Ders./Ders./Elmar Brähler: Rechtsextremismus der Mitte – Eine sozialpsychologische Gegenwartsdiagnose, Gießen 2013, S. 16.
8 Wilhelm Heitmeyer: Gruppenbezogene Menschenfeind-

lichkeit (GMF) in einem entsicherten Jahrzehnt. In: Ders.: Deutsche Zustände – Folge 10, Berlin [¹2012], S. 35.
9 Eva Illouz: Explosive Moderne, Berlin 2024, S. 21.
10 Die Zeit: Europas unendliche Arroganz, 28.09.2023, Jürgen Osterhammel.
11 Theodor W. Adorno: Meinung – Wahn – Gesellschaft. In: Ders.: Eingriffe. Neun kritische Modelle, Frankfurt am Main 2003, S. 151.
12 Eva Illouz: Explosive Moderne, Berlin 2024, S. 22 und 24f.
13 Jürgen Habermas: Ein neuer Strukturwandel der Öffentlichkeit und die deliberative Politik, Berlin 2022, S. 34.
14 Oliver Nachtwey: Die Abstiegsgesellschaft. Über das Aufbegehren in der regressiven Moderne, Berlin 2016, S. 11 und 220.
15 Tocotronic: Crash. Auf: Nie wieder Krieg, 2022.
16 Carolin Amlinger/Oliver Nachtwey: Gekränkte Freiheit – Aspekte des libertären Autoritarismus, Berlin 2022, S. 338f.
17 Primo Levi: Rückkehr nach Auschwitz – Interview. In: Ders.: Bericht über Auschwitz, Berlin 2006, S. 123.
18 Jürgen Habermas: Ein neuer Strukturwandel der Öffentlichkeit und die deliberative Politik, Berlin 2022, S. XX.
19 Die Zeit: Der Optimismus ist verbrannt, 17.03.2022, Andreas Reckwitz.
20 Zitiert nach: taz: »Vielen geht es gar nicht gut.« Interview mit Lea Ypi, 15.07.2024, Tobias Bachmann (Gespräch) und Jens Gyarmaty (Fotos).
21 Oliver Nachtwey: Die Abstiegsgesellschaft – Über das Aufbegehren in der regressiven Moderne, Berlin [¹2016], S. 78.

22 Andreas Reckwitz: Das Ende der Illusionen – Politik, Ökonomie und Kultur in der Spätmoderne, Berlin 2023, S. 19f.
23 Zitiert nach: taz: »Vielen geht es gar nicht gut.« Interview mit Lea Ypi, 15.07.2024, Tobias Bachmann (Gespräch) und Jens Gyarmaty (Fotos).

Entgrenzungen und Relativierungen
1 Querdenken 711 – Stuttgart: Michael Ballweg kündigt Großdemonstration an 03.08.2024 in Berlin an, 24.02.2024, https://presse.querdenken-711.de/pressemitteilungen/michael-ballweg-kuendigt-grossdemonstration-am-03-08-2024-in-berlin-an/ (überprüft: 04.10.2024).
2 tageschau.de: Nach Corona-Demo in Berlin Fake News über die Zahl der Teilnehmenden, 02.08.2020, Patrick Gensing, https://www.tagesschau.de/faktenfinder/corona-demo-berlin-109.html (überprüft: 04.10.2024).
3 Compact-Edition 8: Tage der Freiheit, 04.09.2020: »Trump ist in Berlin«, Tamara Kirschbaum, S. 111.
4 Oliver Nachtwey/Robert Schäfer/Nadine Frei: Politische Soziologie der Corona-Proteste, Basel 2020, S. 55.
5 Oliver Nachtwey/Nadine Frei/Robert Schäfer: Generalverdacht und Kritik als Selbstzweck. Empirische Befunde zu den Corona-Protesten. In: Wolfgang Benz (Hg.): Querdenken – Protestbewegung zwischen Demokratieverachtung, Hass und Aufruhr, Berlin 2021, S. 208.
6 Oberlandesgericht Koblenz: Anklage gegen fünf mutmaßliche Mitglieder einer terroristischen Vereinigung

»Vereinte Patrioten« zugelassen, 12.04.2023, https://olgko.justiz.rlp.de/presse-aktuelles/detail/anklage-gegen-fuenf-mutmassliche-mitglieder-einer-terroristischen-vereinigung-vereinte-patrioten-zugelassen (überprüft: 18.10.2024).

7 Querdenken 711 – Stuttgart: Michael Ballweg kündigt Großdemonstration an 03.08.2024 in Berlin an, 24.02.2024, https://presse.querdenken-711.de/pressemitteilungen/michael-ballweg-kuendigt-grossdemonstration-am-03-08-2024-in-berlin-an/ (überprüft: 18.10.2024).

8 Tagesspiegel: Querdenker-Demonstration in Berlin. Russland-Fans, Verschwörungsideen und »Döp-Dödö-Döp«, 03.08.2024, Franziska Apfel/Dominik Lenze, https://www.tagesspiegel.de/berlin/querdenker-demonstration-in-berlin-russland-fans-verschworungsideen-und-dop-dodo-dop-12138386.html (überprüft: 04.10.2024).

9 Compact: Revolution der Herzen. Stürzen Querdenker die Corona-Diktatur?, 09/2000, Jürgen Elsässer, S. 10f.

10 Compact-Edition 8: Tage der Freiheit, 04.09.2020, Cover.

11 Compact-Edition 8: Tage der Freiheit, 04.09.2020: »Das Freiheitsvirus hat Berlin erreicht«, Michael Ballweg.

12 Oliver Nachtwey/Nadine Frei/Robert Schäfer: Generalverdacht und Kritik als Selbstzweck. Empirische Befunde zu den Corona-Protesten. In: Wolfgang Benz (Hg.): Querdenken – Protestbewegung zwischen Demokratieverachtung, Hass und Aufruhr, Berlin 2021, S. 196f.

13 Oliver Nachtwey/Robert Schäfer/Nadine Frei: Politische Soziologie der Corona-Proteste, Basel 2020, S. 10.
14 BMG-forsa-Studie: Wahlverhalten der Nicht-Geimpften, https://newsletter.forsa.de/file/332/1447/6_wahlverhalten_der_nicht-geimpften (überprüft: 18.10.2024).
15 Steffen Mau/Thomas Lux/Linus Westheuser: Triggerpunkte – Konsens und Konflikt in der Gegenwartsgesellschaft, Berlin 2023, S. 236 und 239.
16 Ebd., S. 265.
17 derstandard.de: Mascolo und Drosten zu Corona: »Ist es gerecht zugegangen?«, 25.06.2024, Interview: Pia Kruckenhauser, https://www.derstandard.de/story/3000000224745/die-diskussion-ueber-schulschliessungen-steht-fuer-die-frage-ist-es-gerecht-zugegangen (überprüft: 08.10.2024).
18 Oliver Nachtwey/Nadine Frei/Robert Schäfer: Generalverdacht und Kritik als Selbstzweck. Empirische Befunde zu den Corona-Protesten. In: Wolfgang Benz (Hg.): Querdenken – Protestbewegung zwischen Demokratieverachtung, Hass und Aufruhr, Berlin 2021, S. 196f.
19 Leo Löwenthal: Falsche Propheten. Studien zum Autoritarismus. Schriften 3, Frankfurt am Main 1990, S. 50f.
20 Ebd., S. 127 und 51.
21 Carl Schmitt: Der Begriff des Politischen (1932), Berlin 1991, S. 27.
22 Götz Kubitschek: Provokation, Schnellroda 2007, S. 25 und 30.

23 Götz Kubitschek: Provokation. In: Ders.: Die Spurbreite des schmalen Grats 2000–2016, Schnellroda 2016, S. 70.
24 Nicola Gess: Halbwahrheiten: Zur Manipulation von Wirklichkeit, Berlin 2021, S. 12, 67 und 8.
25 derstandard.de: Mascolo und Drosten zu Corona: »Ist es gerecht zugegangen?«, 25.06.2024, Interview: Pia Kruckenhauser, https://www.derstandard.de/story/3000000224745/die-diskussion-ueber-schulschliessungen-steht-fuer-die-frage-ist-es-gerecht-zugegangen (überprüft: 08.10.2024).
26 Nicola Gess: Halbwahrheiten: Zur Manipulation von Wirklichkeit, Berlin 2021, S. 15f.
27 Hannah Arendt: Wahrheit und Politik. In: Dies.: Wahrheit und Lüge in der Politik, München 2013, S. 83.

Krisen und Versuchungen

1 vzbv.de: Verbraucher:innen erwarten für ihre Alltagsprobleme Lösungen von der Politik. 25.09.2024, https://www.vzbv.de/pressemitteilungen/verbraucherinnen-erwarten-fuer-ihre-alltagsprobleme-loesungen-von-der-politik (überprüft: 30.09.2024).
2 Steffen Mau: Ungleich vereint. Warum der Osten anders bleibt, Berlin 2024, S. 103.
3 mdr.de: Berufspendler der ersten Stunde, 01.10.2020, https://www.mdr.de/geschichte/ddr/deutsche-einheit/wiedervereinigung/berufspendler-osten-westen-arbeitslosigkeit-100.html (überprüft: 27.09.2024).

4 Statistik der Bundesagentur für Arbeit 2024, https://www.sozialpolitik-aktuell.de/files/sozialpolitik-aktuell/_Politikfelder/Arbeitsmarkt/Datensammlung/PDF-Dateien/abbIV35.pdf (überprüft: 27.09.2024).
5 Daniel Mullis: Der Aufstieg der Rechten in Krisenzeiten – Die Regression der Mitte, Ditzingen 2024, S. 174.
6 Oliver Nachtwey/Nadine Frei/Robert Schäfer: Generalverdacht und Kritik als Selbstzweck. Empirische Befunde zu den Corona-Protesten. In: Wolfgang Benz (Hg.): Querdenken – Protestbewegung zwischen Demokratieverachtung, Hass und Aufruhr, Berlin 2021, S. 195.
7 Christoph Butterwegge: Ungleichheit in der Corona-Gesellschaft. In: Georg Gläser/Gudrun Hentges/Julia Lingenfelder (Hg.): Demokratie im Zeichen von Corona, Berlin 2021, S. 88, 100 und 96.
8 Ebd., S. 91 und 100.
9 Bob Jessop: Neoliberalismen, kritische politische Ökonomie und neoliberale Staaten. In: Thomas Biebricher (Hg.): Der Staat des Neoliberalismus, Baden-Baden 2016, S. 129.
10 Verbraucherzentrale: Steigende Lebensmittelpreise, 14.08.2024, https://www.verbraucherzentrale.de/wissen/lebensmittel/lebensmittelproduktion/steigende-lebensmittelpreise-fakten-ursachen-tipps-71788 (überprüft: 27.09.2024).
11 Kettcar: Einkaufen in Zeiten des Krieges. Album: Gute Laune ungerecht verteilt, 2024.
12 spiegel.de: Merz nennt Söhne von Migranten kleine

»Paschas« – und erntet Kritik, 11.01.2023, https://www.spiegel.de/politik/deutschland/friedrich-merz-nennt-soehne-von-migranten-bei-markus-lanz-kleine-paschas-und-erntet-kritik-a-c0844cf6-8ca8-4f14-b3d6-8746942978c4 (überprüft: 30.09.2024).

13 Siehe u. a.: ndr.de: Geflüchteten-Zahl: »Auf Dauer der Gesellschaft nicht zuzumuten«, 26.09.2023, https://www.ndr.de/nachrichten/niedersachsen/Gefluechteten-Zahl-Auf-Dauer-der-Gesellschaft-nicht-zuzumuten,fluechtlinge7288.html (überprüft: 30.09.2024).

14 spiegel.de: So stark ist die Zahl antisemitischer Straftaten seit dem 7. Oktober gestiegen, 25.01.2024, https://www.spiegel.de/politik/deutschland/antisemitismus-so-stark-sind-antisemitische-straftaten-seit-dem-7-oktober-angestiegen-a-f104451d-992f-4592-8fe9-f08133854c98 (überprüft: 27.09.2024).

15 Meron Mendel: Über Israel reden. Eine deutsche Debatte, Köln 2023, S. 178.

16 wdr.de: Ahrtal unter Wasser. Chronik einer Katastrophe, 10.09.2021, Jörg Seidel/Han Lay/Merle Göddertz, https://reportage.wdr.de/chronik-ahrtal-hochwasser-katastrophe#weitere-beitraege-zur-flut-katastrophe (überprüft: 01.10.2024).

17 Fritz Reusswig/Beate Küpper: Klimapolitische Einstellungen im Kontext des Krieges gegen die Ukraine. In: Andreas Zick/Beate Küpper/Nico Mokros (Hg.): Die distanzierte Mitte. Rechtsextreme und demokratiegefährdende Einstellungen in Deutschland 2022/2023. Hg. für

die Friedrich-Ebert-Stiftung von Franziska Schröder, Bonn 2023, S. 295 und 292.
18 süddeutsche.de: Heißester Sommer weltweit seit Beginn der Messungen, 06.09.2024, Marlene Weiß, https://www.sueddeutsche.de/wissen/sommer-rekordwerte-messungen-deutschland-weltweit-lux.4GMuS6R3GQPqg5nX4PHm4R (überprüft: 01.10.2024).
19 Bundeszentrale für politische Bildung: Das Europalexikon: Pariser Klimaabkommen, www.bpb.de/kurz-knapp/lexika/das-europalexikon/309438/pariser-klimaabkommen/ (überprüft: 01.10.2024).
20 Fritz Reusswig/Beate Küpper: Klimapolitische Einstellungen im Kontext des Krieges gegen die Ukraine. In: Andreas Zick/Beate Küpper/Nico Mokros (Hg.): Die distanzierte Mitte. Rechtsextreme und demokratiegefährdende Einstellungen in Deutschland 2022/2023. Hg. für die Friedrich-Ebert-Stiftung von Franziska Schröder, Bonn 2023, S. 293 und 303.
21 Christian Jakob: Endzeit. Die neue Angst vor dem Weltuntergang und der Kampf um unsere Zukunft, Berlin 2023, S. 56.
22 Fritz Reusswig/Beate Küpper: Klimapolitische Einstellungen im Kontext des Krieges gegen die Ukraine. In: Andreas Zick/Beate Küpper/Nico Mokros (Hg.): Die distanzierte Mitte. Rechtsextreme und demokratiegefährdende Einstellungen in Deutschland 2022/2023. Hg. für die Friedrich-Ebert-Stiftung von Franziska Schröder, Bonn 2023, S. 291f.

23 Wilhelm Heitmeyer/Manuela Freiheit/Peter Sitzer: Rechte Bedrohungsallianzen, Berlin 2020, S. 291f.
24 Oswald Spengler: Der Untergang des Abendlandes. Umrisse einer Morphologie der Weltgeschichte, München 1959, S. 398.
25 Stefan Breuer: Anatomie der Konservativen Revolution, Darmstadt 1993, S. 25.
26 Edgar Julius Jung: Die Herrschaft der Minderwertigen – ihr Zerfall und ihre Ablösung durch ein Neues Reich (1930), Toppenstedt 2013.
27 Götz Kubitschek: Provokation, Schnellroda 2007, S. 8 und 12.
28 n-tv.de: AfD-Politiker hofft auf »dramatischen« Winter, 07.09.2022, https://www.n-tv.de/politik/AfD-Politiker-hofft-auf-dramatischen-Winter-article23574135.html (überprüft: 02.10.2024).
29 zeit.de: »Je schlechter es Deutschland geht, desto besser für die AfD«, 28.09.2020, Christian Fuchs, https://www.zeit.de/politik/deutschland/2020-09/christian-lueth-afd-alexander-gauland-menschenfeindlichkeit-migration (überprüft: 02.10.2024).
30 ZDF.de: Gefeuerter Ex-AfD-Sprecher wieder im Bundestag, 09.07.2024, Nicole Diekmann, https://www.zdf.de/nachrichten/politik/deutschland/christian-lueth-afd-jan-wenzel-schmidt-referent-100.html (überprüft: 02.10.2024).
31 Benedikt Kaiser: Die Konvergenz der Krisen: Theorie und Praxis in Bewegung 2017–2023, Dresden 2023.

32 Wilhelm Heitmeyer: Autoritäre Versuchungen, Berlin 2018, S. 350.
33 Karl Marx/Friedrich Engels: Die deutsche Ideologie (1845/1846). In: Karl Marx/Friedrich Engels: Ausgewählte Werke, Band 1, Berlin 1988, S. 212.
34 Wilhelm Heitmeyer: Autoritäre Versuchungen, Berlin 2018, S. 352.
35 Daniel Mullis: Der Aufstieg der Rechten in Krisenzeiten – Die Regression der Mitte, Ditzingen 2024, S. 22.

Progressiv und regressiv
1 Jürgen Habermas: Die Moderne – ein unvollendetes Projekt. In: Ders.: Die Moderne ein unvollendetes Projekt. Philosophisch-politische Aufsätze, Leipzig 1994, S. 42.
2 Oliver Nachtwey: Die Abstiegsgesellschaft: Über das Aufbegehren in der regressiven Moderne, Berlin, 2016, S. 7 und 75f.
3 Anne Applebaum: Die Verlockung des Autoritären. Warum antidemokratische Herrschaft so populär geworden ist, München [¹2022], 2024, S. 25 und 5.
4 Ebd., S. 5.
5 Ebd., S. 27.
6 Tagesspiegel: Historiker Fritz Stern im Interview: »Wir stehen vor einem Zeitalter der Angst«, 28.01.2016, https://www.tagesspiegel.de/politik/wir-stehen-vor-einem-zeitalter-der-angst-6314398.html (überprüft: 03.11.2024).
7 Leo Löwenthal: Falsche Propheten. Studien zum Autorita-

rismus. Schriften 3, Frankfurt am Main 1990, S. 262, 266 und 296.
8 Ebd., S. 29.
9 Jürgen Habermas: Die Moderne – ein unvollendetes Projekt. In: Ders.: Die Moderne – ein unvollendetes Projekt. Philosophisch-politische Aufsätze, Leipzig 1994, S. 41.
10 Ruth Zimmerling: Freiheit, Gleichheit, Wahrheit – die Revolution des Bürgers Caritat, online, 2003, S. 3, web.archive.org/web/20110713091918/http://www.politik.uni-mainz.de/cms/Dateien/rzcondor.pdf (überprüft: 09.10.2024).
11 Gudrun Hentges: Schattenseiten der Aufklärung – Die Darstellung von Juden und »Wilden« in politischen Schriften des 18. und 19. Jahrhunderts, Schwalbach/Taunus 1999, S. 25.
12 René Descartes: Prinzipien der Philosophie (1644), online, https://www.zeno.org/Philosophie/M/Descartes,+René/Prinzipien+der+Philosophie/1.+Ueber+die+Prinzipien+der+menschlichen+Erkenntniss (überprüft: 09.10.2024).
13 Voltaire: Über die Toleranz; veranlaßt durch die Hinrichtung des Johann Calas im Jahre 1762. In: Ders.: Über die Toleranz, Berlin 2016, S. 26 und 128.
14 Gudrun Hentges: Schattenseiten der Aufklärung – Die Darstellung von Juden und »Wilden« in philosophischen Schriften des 18. und 19. Jahrhunderts, Schwalbach/Taunus 1999, S. 42 und 49.
15 Zitiert nach: Shulamit Volkov: Das jüdische Projekt der Moderne, München 2001, S. 65.

16 Theodor W. Adorno: Minima Moralia. Reflexionen aus dem beschädigten Leben, Frankfurt am Main 1993, S. 141.
17 Gudrun Hentges: Schattenseiten der Aufklärung – Die Darstellung von Juden und »Wilden« in philosophischen Schriften des 18. und 19. Jahrhunderts, Schwalbach/Taunus 1999, S. 209.
18 Léon Poliakov: Der arische Mythos – Zu den Quellen von Rassismus und Nationalismus, Hamburg 1993, S. 196.
19 Zitiert nach: Gudrun Hentges: Schattenseiten der Aufklärung – Die Darstellung von Juden und »Wilden« in philosophischen Schriften des 18. und 19. Jahrhunderts, Schwalbach/Taunus 1999, S. 217 und 221.
20 Zitiert nach: Léon Poliakov: Der arische Mythos – Zu den Quellen von Rassismus und Nationalismus, Hamburg 1993, S. 197.
21 Ebd., S. 196f.
22 Gudrun Hentges: Schattenseite der Aufklärung – Die Darstellung von Juden und »Wilden« in philosophischen Schriften des 18. und 19. Jahrhunderts, Schwalbach/Taunus 1999, S. 279f.
23 Wulf D. Hund: Negative Vergesellschaftung – Dimensionen der Rassismusanalyse, Münster 2006, 8f., 57 und 129f.
24 Ebd., S. 16, 122f. und 125.
25 Amanda Gorman: The hill we climb – Den Hügel hinauf. Zweisprachige Ausgabe, Hamburg 2021, S. 21, 23 und 27.
26 Detlev Claussen: Veränderte Vergangenheit. In: Ders.: Grenzen der Aufklärung – Die gesellschaftliche Genese des modernen Antisemitismus, Frankfurt am Main 1994, S. 28.

27 Oliver Nachtwey/Robert Schäfer/Nadine Frei: Politische Soziologie der Corona-Proteste, Basel 2020, S. 61f.
28 Ebd., S. 62.
29 Esther Bejarano spricht: Das Haus brennt, Hamburg 2024, S. 86.

Wahn und Wirklichkeit
1 Oberlandesgericht Frankfurt am Main: Pressemitteilung, 02.04.2024, https://ordentliche-gerichtsbarkeit.hessen.de/presse/eroeffnung-des-hauptverfahrens-ua-wegen-der-mitgliedschaft-in-einer-terroristischen-vereinigung (überprüft: 16.09.2024).
2 Der Generalbundesanwalt beim Bundesgerichtshof: Pressemitteilung, 12.12.2023, https://www.generalbundesanwalt.de/SharedDocs/Pressemitteilungen/DE/2023/Pressemitteilung-vom-12-12-2023_.html?nn=1650120 (überprüft: 16.09.2024).
3 Julia Ebner: Radikalisierungsmaschinen. Wie Extremisten die neuen Technologien nutzen und uns manipulieren, Berlin 2019, S. 276 und 280.
4 Pia Lamberty/Katharina Nocun: Ein Brandbeschleuniger für Radikalisierung? Verschwörungserzählungen während der Covid-19-Pandemie. In: Heike Kleffner/Matthias Meisner (Hg.): Fehlender Mindestabstand. Die Coronakrise und die Netzwerke der Demokratiefeinde, Freiburg im Breisgau 2021, S. 121.
5 Michael Butter: »Nichts ist, wie es scheint« – Über Verschwörungstheorien, Berlin 2018, S. 34.

6 Pia Lamberty/Katharina Nocun: Ein Brandbeschleuniger für Radikalisierung? Verschwörungserzählungen während der Covid-19-Pandemie. In: Heike Kleffner/Matthias Meisner (Hg.): Fehlender Mindestabstand. Die Coronakrise und die Netzwerke der Demokratiefeinde, Freiburg im Breisgau 2021, S. 121.

7 Oliver Decker/Julia Schuler/Alexander Yendell/Clara Schießler/Elmar Brähler: Das autoritäre Syndrom: Dimensionen und Verbreitung der Demokratie-Feindlichkeit. In: Oliver Decker/Elmar Brähler (Hg.): Autoritäre Dynamiken. Neue Radikalität – alte Ressentiments. Leipziger Autoritarismus-Studie 2020, Gießen 2020, S. 202.

8 Oliver Decker/Johannes Kiess/Ayline Heller/Julia Schuler/Elmar Brähler: Die Leipziger Autoritarismus-Studie 2022. Methode, Ergebnisse und Langzeitverlauf. In: Oliver Decker/Johannes Kiess/Ayline Heller/Elmar Brähler (Hg.): Autoritäre Dynamiken in unsicheren Zeiten. Neue Herausforderungen – alte Reaktionen? Leipziger Autoritarismus-Studie 2022, Gießen 2022, S. 81–83.

9 tagesschau.de: Prinz Reuß und sein Netzwerk vor Gericht, 21.05.2024, Michael Götschenberg/Holger Schmidt, https://www.tagesschau.de/inland/gesellschaft/prozessgruppe-reuss-100.html (überprüft: 25.09.2024).

10 Rainer Erb: Drittes Bild: Der »Ritualmord«. In: Julius H. Schoeps/Joachim Schlör (Hg.): Antisemitismus – Vorurteile und Mythen, München 1995, S. 74.

11 Felix Huesmann: Der QAnon-Boom. Der Erfolg der Verschwörungsideologie in Deutschland. In: Heike Kleffner/

Matthias Meisner (Hg.): Fehlender Mindestabstand. Die Coronakrise und die Netzwerke der Demokratiefeinde, Freiburg im Breisgau 2021, S. 114.

12 woz.ch: Auch Schweizer denken feudal, 22.12.2022, Thomas Schwendener, https://www.woz.ch/2251/worldwebforum/auch-schweizer-denken-feudal/!CH9QV18VQ7R4 (überprüft: 24.09.2024).

13 fr.de: Reichsbürger-Prozess in Frankfurt: Antisemitische Funde im Büro von Prinz Reuß, 05.06.2024, Pitt von Bebenburg, https://www.fr.de/frankfurt/antisemitische-funde-im-reuss-buero-93112096.html (überprüft: 07.11.2024).

14 Näncy, Nr. 1. August 2024: Der unsterbliche Trump, Jürgen Elsässer, S. 4.

15 Compact, 09/2020: Cover.

16 Compact, 09/2020: Q und seine Cyberkrieger, Daniell Pföhringer, S. 23.

17 Zitiert nach: tagesschau.de: Terrorverfahren in Reichsbürgerszene. Zwischen Gewalt und Wahnsinn, 04.12.2022, Florian Flade/Martin Kaul/Katja Riedel/Sebastian Pittelkow, https://www.tagesschau.de/investigativ/ndr-wdr/terrorverfahren-reichsbuerger-rechtsextremismus-prinz-reuss-100.html (überprüft: 25.09.2024).

18 TRT Deutsch: Reichsbürger: Weidel spricht von »Rollator-Putsch«, YouTube, https://www.youtube.com/watch?v=IHXXoGBkiBo (überprüft: 25.09.2024).

19 Zitiert nach: Niedersächsischer Landtag – 19. Wahlperiode. Kleine Anfrage zur schriftlichen Beantwortung

gemäß §46 Abs. 1 GO LT mit Antwort der Landesregierung, Drucksache 19/966, S. 4.
20 Compact TV: BKA erfindet Reichsbürger-Putsch, 07.12.2022, https://www.youtube.com/watch?v=P_6x9w9xt90 (überprüft: 25.09.2024).
21 Cicero: Reichsbürger-Razzia: Die Gourmetrevolution – eine Farce aus Deutschland, Gerhard Strate, 14.12.2022, https://www.cicero.de/innenpolitik/reichsburger-razzia-die-gourmetrevolution-strate-gastbeitrag (überprüft: 25.09.2024).
22 welt.de: Bundesweite Razzia: Ermittler finden 93 Waffen bei »Reichsbürgern« – Pläne für »Säuberungen« von Kommunalpolitikern, 13.12.2022, Frederik Schindler, https://www.welt.de/politik/deutschland/article242649277/Reichsbuerger-Razzia-Ermittler-finden-93-Waffen-Plaene-fuer-Saeuberungen-in-Kommunen.html (überprüft: 25.09.2024).
23 Der Generalbundesanwalt beim Bundesgerichtshof: Pressemitteilung, 12.12.2023, https://www.generalbundesanwalt.de/SharedDocs/Pressemitteilungen/DE/2023/Pressemitteilung-vom-12-12-2023_.html?nn=1650120 (überprüft: 25.09.2024).
24 merkur.de: Neue Details zu Reichsbürger-Razzia: Es geht wohl um Gold, Bargeld – und Dokumente über Todesstrafen-Plan, 28.01.2023, Bedrettin Bölübasi, https://www.merkur.de/politik/reichsbuerger-ermittlungen-geld-gold-prinz-reuss-edelmetalle-antiterroreinsatz-polizei-92053097.html (überprüft: 25.09.2024).

25 Siehe Andreas Speit: Reichsbürger – eine facettenreiche, gefährliche Bewegung. In: Ders. (Hg.): Reichsbürger – Die unterschätzte Gefahr, Berlin 2017, S. 8.
26 Taz: Rechtsextreme nehmen Gegner ins Visier: Neonazis horten Feindeslisten, 05.04.2023, Konrad Litschko, https://taz.de/Rechtsextreme-nehmen-Gegner-ins-Visier/!5926589/ (überprüft: 26.09.2024).
27 tagesschau.de: Terrorverfahren in Reichsbürger-Szene: Zwischen Gewalt und Wahnsinn, 04.12.2022, Florian Flade/Martin Kaul/Katja Riedel/Sebastian Pittelkow, https://www.tagesschau.de/investigativ/ndr-wdr/terrorverfahren-reichsbuerger-rechtsextremismus-prinz-reuss-100.html (überprüft: 25.09.2024).
28 Ebd.
29 Vgl.: tagesschau.de: »Reichsbürgerprozess« in Frankfurt: Ex-Richterin Malsack-Winkemann bestreitet Vorwürfe. 03.09.2024, Egzona Hyseni/Alexander Holzer, https://www.tagesschau.de/inland/reichsbuergerprozess-malsack-winkemann-100.html (überprüft: 26.09.2024).
30 fr.de: Reichsbürgerprozess in Frankfurt: Prinz Reuß leugnet Gewalt- und Putschfantasien, 28.06.2024, Pitt von Bebenburg, https://www.fr.de/politik/reichsbuerger-prinz-heinrich-reuss-prozess-frankfurt-ns-sympathie-verschwoerung-russland-93157384.html (überprüft: 26.09.2024).
31 Sebastian Leber: Weder verwirrt noch harmlos. Reichsbürger im Staatsdienst und das mutmaßlich-rechtsterroristische Netzwerk um Heinrich XIII. Prinz Reuß.

In: Heike Kleffner/Matthias Meisner (Hg.): Staatsgewalt: Wie rechsradikale Netzwerke die Sicherheitsbehörden unterwandern, Freiburg 2023, S. 159.

32 Der Generalbundesanwalt beim Bundesgerichtshof: Pressemitteilung, 12.12.2023, https://www.generalbundesanwalt.de/SharedDocs/Pressemitteilungen/DE/2023/Pressemitteilung-vom-12-12-2023_.html?nn=1650120.

Politik und Poesie

1 Florian Illies: Zauber der Stille – Caspar David Friedrichs Reise durch die Zeiten, Frankfurt am Main 2023, S. 20, 101, 230 und 180.

2 Hamburger Kunsthalle: Pressemitteilung: Caspar David Friedrich-Ausstellung erreicht 335.000 Besucher*innen, 02.04.2024, https://www.hamburger-kunsthalle.de/de/rekordergebnis (überprüft: 17.10.2024).

3 Hamburger Kunsthalle: Caspar David Friedrich: Kunst für eine neue Zeit, www.hamburger-kunsthalle.de/de/caspar-david-friedrich (überprüft: 17.10.2024).

4 Florian Illies: Zauber der Stille – Caspar David Friedrichs Reise durch die Zeiten, Frankfurt am Main 2023, S. 230 und 108.

5 Karl Marx: Ökonomisch-philosophische Manuskripte. In: Karl Marx/Friedrich Engels: Ausgewählte Werke, Bd. 1, Berlin 1988, S. 93.

6 Emile Durkheim: Über soziale Arbeitsteilung. Studie über die Organisation höherer Gesellschaften, Frankfurt am Main 1992, S. 90f. und 96.

7 Rüdiger Safranski: Romantik. Eine deutsche Affäre, Frankfurt am Main 2009, S. 129 und 11.
8 Ebd., S. 193.
9 spiegel.de: »... wenn man ständig die Nazikeule schwingt« – Interview mit Philosoph Rüdiger Safranski, 17.03.2018, Sebastian Hammelehle, https://www.spiegel.de/spiegel/ruediger-safranski-es-gibt-keine-pflicht-zur-fremdenfreundlichkeit-a-1198496.html (überprüft: 14.11.2024).
10 Karl Marx: Ökonomisch-philosophische Manuskripte. In: Karl Marx/Friedrich Engels: Ausgewählte Werke, Bd. 1, Berlin 1988, S. 76.
11 Stefan Breuer: Anatomie der konservativen Revolution, Darmstadt 1993, S. 16f.
12 Zitiert nach: Rüdiger Safranski: Romantik. Eine deutsche Affäre, Frankfurt am Main 2009, S. 201.
13 Susanne Asche: Geselligkeit und »Teutsche Tischgesellschaft«. Antisemitismus und Antifeminismus der Romantik. In: Frauen & Geschichte Baden-Württemberg e.V. (Hg.): Antisemitismus – Antifeminismus. Ausgrenzungsstrategien im 19. und 20. Jahrhundert, Roßdorf 2019, S. 123.
14 Novalis: Wenn nicht mehr Zahlen und Figuren, 1800.
15 Joseph von Eichendorff: Wünschelrute, (1838), In: Ders.: Ausgewählte Werke, Berlin/Darmstadt, 1957, S. 112.
16 Joseph von Eichendorff: Die blaue Blume, 1818.
17 Novalis: Heinrich von Ofterdingen (1802), Stuttgart, 2010, S. 178f.

18 Zitiert nach: Deutschlandfunk: Vor 250 Jahren geboren: Novalis – der Universalromantiker, 02.05.2022, Christian Linder, https://www.deutschlandfunk.de/250-geburtstag-von-novalis-100.html (überprüft: 17.10.2024).
19 Heinrich Heine: Das Fräulein stand am Meere (1832). In: Ders.: Heine für unsere Zeit, Berlin/Weimar 1985, S. 64.
20 Heinrich Heine: Die romantische Schule. In: Ders.: Heine für unsere Zeit, Berlin/Weimar, 1985, S. 292.
21 Karl Marx: Ökonomisch-philosophische Manuskripte. In: Karl Marx/Friedrich Engels: Ausgewählte Werke, Bd. 1, Berlin 1988, S. 13, 11 und 18.
22 Susanne Asche: Geselligkeit und »Teutsche Tischgesellschaft«. Antisemitismus und Antifeminismus der Romantik. In: Frauen & Geschichte Baden-Württemberg e.V. (Hg.): Antisemitismus – Antifeminismus. Ausgrenzungsstrategien im 19. und 20. Jahrhundert, Roßdorf 2019, S. 123.
23 Ebd., S. 115.
24 Shulamit Volko: Das jüdische Projekt der Moderne, Bremen 2001, S. 79.
25 Nadine Frei/Ulrike Nack: Frauen und Corona-Proteste, Basel 2021, S. 6.
26 Heinrich Heine: Die Harzreise (1827) In: Ders.: Heine für unsere Zeit, Berlin/Weimar 1985, S. 225.
27 Susanne Asche: Geselligkeit und »Teutsche Tischgesellschaft«. Antisemitismus und Antifeminismus der Romantik. In: Frauen & Geschichte Baden-Württemberg e.V.

(Hg.): Antisemitismus – Antifeminismus. Ausgrenzungsstrategien im 19. und 20. Jahrhundert, Roßdorf 2019, S. 114.

28 Zitiert nach: Susanne Asche: Geselligkeit und »Teutsche Tischgesellschaft«. Antisemitismus und Antifeminismus der Romantik. In: Frauen & Geschichte Baden-Württemberg e.V. (Hg.): Antisemitismus – Antifeminismus, Roßdorf 2019, S. 125.

29 Rüdiger Safranski: Romantik. Eine deutsche Affäre, Frankfurt am Main 2009, S. 185.

30 Florian Illies: Zauber der Stille – Caspar David Friedrichs Reise durch die Zeiten, Frankfurt am Main 2023, S. 63, 146f., 156f. und 151.

31 Theodor Körner: Leier und Schwert – und Gedichte aus dem Nachlass (1814), Berlin 2017, S. 17.

32 Ernst Moritz Arndt: Der Gott, der Eisen wachsen ließ, 1812, http://www.balladen.de/web/sites/balladen_gedichte/autoren.php?b05=24&b16=753 (überprüft: 14.11.2024).

33 Heinrich Heine: Die romantische Schule. In: Ders.: Heine für unsere Zeit, Berlin/Weimar, 1985, S. 290.

34 Hermann Graml: Zur politisch-kulturellen Tradition des Antisemitismus in Deutschland. In: Wolfgang Benz (Hg.): Antisemitismus in Deutschland. Zur Aktualität eines Vorurteils, München 1995, S. 16f.

35 Stefan Breuer: Anatomie der konservativen Revolution, Darmstadt 1993, S. 16, 19 und 21.

36 Peter Hacks: Zur Romantik, Hamburg, 2001, S. 15.

37 Novalis: Hymnen an die Nacht. In: Ders.: Hymnen an die Nacht, Köln, 2006, S. 43.
38 Zitiert nach Peter Hacks: Zur Romantik, Hamburg 2001, S. 30.
39 Karl Marx: Ökonomisch-philosophische Manuskripte. In: Karl Marx/Friedrich Engels: Ausgewählte Werke, Bd. 1, Berlin 1988, S. 14 und 10.
40 Peter Hacks: Zur Romantik, Hamburg 2001, S. 150 und 25.
41 George L. Mosse: Die völkische Revolution, Frankfurt am Main 1991, S. 21f.
42 Johann Gottlieb Fichte: Rede an die Nation, Leipzig, o.J., S. 253.
43 George L. Mosse: Die völkische Revolution, Frankfurt am Main 1991, S. 21f.
44 Ebd., S. 24–27.
45 Uwe Puschner/Walter Schmitz/Justus H. Ulbricht: Vorwort. In: Dies. (Hg.): Handbuch zur »Völkischen Bewegung« 1871–1918, München 1996, S. XVIII u. XIV.
46 Zitiert nach Peter Hacks: Zur Romantik, Hamburg 2001, S. 141.
47 Vgl. Andreas Speit: Verqueres Denken – Gefährliche Weltbilder in alternativen Milieus, Berlin 2021, S. 17f.
48 Zitiert nach Janos Frecot/Johann Friedrich Geist/Diethart Kerbs: Fidus 1868–1948. Zur ästhetischen Praxis bürgerlicher Fluchtbewegungen, München 1997, S. 12 und 209.
49 Florian Illies: Zauber der Stille – Caspar David Friedrichs Reise durch die Zeiten, Frankfurt am Main 2023, S. 150.

Märchen und Natur
1 Brüder Grimm: Hänsel und Grethel. Dies.: Kinder- und Hausmärchen (1819), S. 80, wikisource.org/wiki/Kinder-_und_Haus-Märchen_Band_1_(1819) (überprüft: 25.10.2024).
2 Ludwig Bechstein: Hänsel und Gretel, Deutsches Märchenbuch (1847), maerchen.com/bechstein/haensel-und-gretel.php (überprüft: 25.10.2024).
3 Rüdiger Safranski: Romantik. Eine deutsche Affäre, Frankfurt am Main 2009, S. 176.
4 Brüder Grimm: Vorrede. Dies.: Kinder- und Hausmärchen (1819), de.wikisource.org/wiki/Kinder-_und_Haus-Märchen_Band_1_(1819) (überprüft: 25.10.2024), S. V.
5 X: @BjoernHoecke, 26. November 2023 (überprüft: 25.10.2024).
6 X: @AfD_Pfalz u. @FritziEf99084, 26. November 2023. (überprüft: 25.10.2024).
7 Naturpark Reinhardswald e.V.: Märchen und Sagen, https://www.naturpark-reinhardswald.de/kultur-entdecken/maerchen (überprüft: 26.10.2024).
8 bild.de: Deutscher Märchenwald wird für Windräder zerstört, 04.12.2023, Stefan Schlagenhaufer / Joachim Storch, https://www.bild.de/regional/frankfurt/politik-inland/kaum-noch-zu-stoppen-deutscher-maerchen-wald-wird-fuer-windraeder-zerstoert-86094640.bild.html (überprüft 26.10.2024).
9 Naturpark Reinhardswald e.V.: Windkraft im Reinhardswald, https://www.naturpark-reinhardswald.de/

natur-erleben/landschaftsraum/der-reinhardswald/
windkraft (überprüft: 26.10.2024).
10 Björn Höcke im Gespräch mit Sebastian Hennig: Nie zweimal in denselben Fluss, Lüdinghausen/Berlin 2018, S. 257f.
11 Ebd.
12 Zitiert nach: Thomas Nipperdey: Deutsche Geschichte 1800–1866. Bürgerwelt und starker Staat, München 1983, S. 11.
13 Hermann Graml. Zur politisch-kulturellen Tradition des Antisemitismus in Deutschland. In: Wolfgang Benz: Antisemitismus in Deutschland. Zur Aktualität eines Vorurteils, München, 1995, S. 15.
14 Theodor Körner: Lied der schwarzen Jäger. In Ders.: Leier und Schwert – und Gedichte aus dem Nachlass, (1814) Berlin, 2017, S. 29.
15 Joseph von Eichendorff: Abschied (vom Walde). In: Ders.: Ausgewählte Werke, Berlin/Darmstadt, 1957, S. 35.
16 Johannes Zechner: »Die grünen Wurzeln unseres Volkes«. Zur ideologischen Karriere des ›deutschen Waldes‹. In: Uwe Puschner/G. Ulrich Großmann (Hg.): Völkisch und national. Zur Aktualität alter Denkmuster im 21. Jahrhundert, Darmstadt 2009, S. 179f.
17 Uwe Puschner/Walter Schmitz/Justus H. Ulbricht: Vorwort. In: Dies. (Hg.): Handbuch zur »Völkischen Bewegung« 1871–1918, München 1996.
18 Björn Höcke im Gespräch mit Sebastian Hennig: Nie zweimal in denselben Fluss, Lüdinghausen/Berlin 2018, S. 49.

19 Joseph von Eichendorff: Ahnung und Gegenwart, Nürnberg 1815, S. 254, Online-Fassung: https://www.deutschestextarchiv.de/book/show/eichendorff_ahnung_1815 (überprüft: 27.10.2024).
20 Facebook: Die Kehre, 28.05.2020, Björn Höcke, https://www.facebook.com/photo.php?fbid=2648496512058285&id=1424631334444815&set=a.1424703574437591 (überprüft: 27.10.2024).
21 Die Kehre: Startseite. oikos-verlag.de/Die-Kehre/ (überprüft: 27.10.2024).
22 oikos-verlag.de: Naturschutz, https://www.oikos-verlag.de/Themen/Naturschutz/ (überprüft: 11.11.2024).
23 Nils M. Franke: Naturschutz – Landschaft – Heimat: Romantik als eine Grundlage des Naturschutzes in Deutschland, Wiesbaden 2017, S. 105.
24 Peter Bierl: Grüne Braune. Umwelt-, Tier- und Heimatschutz von Rechts, Münster 2014, S. 35.
25 oikos-verlag.de: Beschreibung Themenheft: »Christentum und Ökologie«, https://oikos-verlag.de/Die-Kehre-Christentum-und-OEkologie-Heft-16/Kehre-16-ISSN-2700-1121 (überprüft: 11.11.2024).
26 Zitiert nach: Ernst Klee: Das Kulturlexikon zum Dritten Reich. Wer war was vor und nach 1945, Frankfurt am Main 2007, S. 308f.
27 Martin Heidegger: Die Technik und die Kehre, Pfullingen 1996, S. 40.
28 Cicero: Ressentiments eines Meisterdenkers: Heidegger war der braunere Nazi, 07.03.2015, Alexander Grau, www.

cicero.de/kultur/ressentiments-eines-meisterdenkers-heidegger-war-der-braunere-nazi/58959 (überprüft: 27.10.2024).

29 Donatella Di Cesare: Heidegger, die Juden, die Shoa, Frankfurt am Main 2016, S. 9f.

30 Die Kehre, Sommer 2021: Überwucherungen (I): Im Gespräch mit Björn Höcke.

31 Zitiert nach: Benedikt Kaiser: Krieg dem PKW. Die frühe Neue Rechte und die Ökologie. In: Ders.: Die Konvergenz der Krisen, Dresden 2023, S. 220, 235 und 229.

32 Margret Feit: Die »Neue Rechte« in der Bundesrepublik. Organisation – Ideologie – Strategie, Frankfurt am Main 1987, S. 52f.

33 Benedikt Kaiser: Krieg dem PKW. Die frühe Neue Rechte und die Ökologie. In: Ders.: Die Konvergenz der Krisen, Dresden 2023, S. 220 und 235.

34 @DieKehre: Märchenwald in Gefahr, 09.07.2020, x.com/die_Kehre/status/1270377730551488518 (überprüft: 27.10.2024).

35 Jungle World: Die Höcke-Jugend. 28.07.2022, Sebastian Beer, jungle.world/artikel/2022/30/die-hoecke-jugend (überprüft: 27.10.2024).

36 Der Spiegel, 44/2018: Karrieren: Der Waldgänger, 26.10.2018, Melanie Amann.

37 Ernst Jünger: Der Waldgang, Stuttgart 1980, S. 30f., 48 und 92.

38 Ernst Jünger: Der Waldgang, Stuttgart 1980, S. 66 und 75.

39 Björn Höcke im Gespräch mit Sebastian Hennig: Nie zweimal in denselben Fluss, Lüdinghausen/Berlin 2018, S. 258f.
40 Compact 11/2022: An einer historischen Wegmarke: Ein Weckruf von Björn Höcke.
41 Björn Höcke im Gespräch mit Sebastian Hennig: Nie zweimal in denselben Fluss, Lüdinghausen/Berlin 2018, S. 286 und 258.

Selbstermächtigung und Menschenfeindlichkeit
1 Taz: Zahl der Angriffe auf Obdachlose steigt: Gezielte Menschenfeindlichkeit, 21.04.2024, Andreas Speit, https://taz.de/Zahl-der-Angriffe-auf-Obdachlose-steigt/!6001936/ (überprüft: 05.11.2024).
2 Zitiert nach: EU-Schwerbehinderung: Gewalt gegen Obdachlose: Bundesarbeitsgemeinschaft Wohnungslosenhilfe registriert 626 Todesfälle seit 1989, 07.11.2023, https://www.eu-schwerbehinderung.eu/index.php/politik/33-aktuelles/21053-gewalt-gegen-obdachlose-bundesarbeitsgemeinschaft-wohnungslosenhilfe-registriert-626-todesfaelle-seit-1989 (überprüft: 05.11.2024).
3 Oskar Negt: Kältestrom, Göttingen 1994, S. 18.
4 Nico Mokros/Andreas Zick: Gruppenbezogene Menschenfeindlichkeit zwischen Krisen- und Konfliktbewältigung. In: Andreas Zick/Beate Küpper/Nico Mokros (Hg.): Die distanzierte Mitte. Rechtsextreme und demokratiegefährdende Einstellungen in Deutschland

2022/2023. Hg. für die Friedrich-Ebert-Stiftung von Franziska Schröder, Berlin 2023, S. 158, 160 und 166.
5 zeit.de: Die Globalisierung und ihre sozialen Folgen werden zur nächsten Herausforderung einer Politik der Freiheit – An der Schwelle zum autoritären Jahrhundert, 14.11.1997, Ralf Dahrendorf, https://www.zeit.de/1997/47/thema.txt.19971114.xml (überprüft: 05.11.2024).
6 Wilhelm Heitmeyer: Autoritäre Versuchungen, Berlin 2018, S. 19.
7 Ebd., S. 19 und 25.
8 Eva Illouz: Explosive Moderne, Berlin 2024, S. 21 und 25.
9 Ebd., S. 27.
10 Ebd., S. 21.
11 Michael Kimmel: Angry white Men. Die USA und ihre zornigen Männer, Bonn 2016, S. 34f.
12 Bruce Springsteen: The River, Album: The River, 1980.
13 Anne Applebaum: Die Verlockung des Autoritären. Warum antidemokratische Herrschaft so populär geworden ist, München [¹2022], 2024, S. 152.
14 Carol Hanisch: The Personal is political. In: Shulamith Firestone/Anne Koedt: Notes from The Second Year: Women's Liberation. Major Writings of the Radical Feminists, New York 1970, S. 76, https://www.repository.duke.edu/dc/wlmpc/wlmms01039 (überprüft: 03.11.2024).
15 Bundeskriminalamt: Bundeslagebild »Geschlechtsspezifisch gegen Frauen gerichtete Straftaten«, 19.11.2024. Bunxhttps://www.bka.de/SharedDocs/Kurzmeldungen/

DE/Kurzmeldungen/241119_BLBStraftatengegenFrauen 2023.html (gesehen: 14.02.2024)

16 tagesschau.de: Höchststand bei rechtsextremen Straftaten, 06.01.2025, https://www.tagesschau.de/inland/rechtsextreme-straftaten-106.html (überprüft: 29.01.2025).

17 Bundesamt für Verfassungsschutz: Reichsbürger und Selbstverwalter: Zahlen und Fakten, https://www.verfassungsschutz.de/DE/themen/reichsbuerger-und-selbstverwalter/zahlen-und-fakten/zahlen-und-fakten_node.html (überprüft: 05.11.2024).

18 Bundesamt für Verfassungsschutz: Verfassungsschutzrelevante Delegitimierung des Staates: Begriff und Erscheinungsformen, https://www.verfassungsschutz.de/DE/themen/verfassungsschutzrelevante-delegitimierung-des-staates/begriff-und-erscheinungsformen/begriff-und-erscheinungsformen_artikel.html (überprüft: 05.11.2024).

19 Amadeu Antonio Stiftung: Todesopfer rechter Gewalt: Diskrepanz bleibt weiter bestehen, ohne Datum, Anna Brausam, https://www.amadeu-antonio-stiftung.de/rassismus/todesopfer-rechter-gewalt/ (überprüft: 05.11.2024).

20 Oliver Decker/Johannes Kiess/Ayline Heller/Elmar Brähler: Autoritäre Dynamiken in unsicheren Zeiten: Neue Herausforderungen – alte Reaktionen? In Dies. (Hg.): Autoritäre Dynamiken in unsicheren Zeiten. Neue Herausforderungen – alte Reaktionen? Leipziger Autoritarismus-Studie 2022, Gießen 2022, S. 12.

21 Oliver Decker/Johannes Kiess/Ayline Heller/Julia Schu-

ler/Elmar Brähler: Die Leipziger Autoritarismus Studie 2022: Methode, Ergebnisse und Langzeitverlauf. In: Oliver Decker/Johannes Kiess/Ayline Heller/Elmar Brähler (Hg.): Autoritäre Dynamiken in unsicheren Zeiten. Neue Herausforderungen – alte Reaktionen? Leipziger Autoritarismus-Studie 2022, Gießen 2022, S. 79.
22 Oliver Decker/Johannes Kiess/Ayline Heller/Elmar Brähler: Autoritäre Dynamiken in unsicheren Zeiten: Neue Herausforderungen – alte Reaktionen? In: Dies. (Hg.): Autoritäre Dynamiken in unsicheren Zeiten, Gießen 2020, S. 12.
23 Erich Fromm: Die Furcht vor der Freiheit, München 2021, S. 126f.
24 Erich Fromm: Arbeiter und Angestellte am Vorabend des Dritten Reiches. Eine sozialpsychologische Untersuchung, (1930). München 1983, S. 248f.
25 Erich Fromm: Die Furcht vor der Freiheit, München 2021, S. 101f.
26 Erich Fromm: Arbeiter und Angestellte am Vorabend des Dritten Reiches. Eine sozialpsychologische Untersuchung, (1930). München 1983, S. 248.
27 Carolin Amlinger/Oliver Nachtwey: Gekränkte Freiheit. Aspekte des libertären Autoritarismus, Berlin 2022, S. 13 und 16.
28 Ebd., S. 347 und 339.
29 Oliver Nachtwey/Robert Schäfer/Nadine Frei: Politische Soziologie der Corona-Proteste, Basel 2020, S. 61f.
30 Beate Küpper: Mittendrin – In der »Querfront«. In:

Andreas Zick/Dies./Nico Mokros (Hg.): Die distanzierte Mitte. Rechtsextreme und demokratiegefährdende Einstellungen in Deutschland 2022/2023. Hg. für die Friedrich-Ebert-Stiftung von Franziska Schröder, Berlin 2023, S. 137, 140 und 142f.
31 Ebd., S. 145.

Epilog
1 Saša Stanišić: Mo, der Panther und Petra, der Funker. In: Ders.: Möchte die Witwe angesprochen werden, platziert sie auf dem Grab die Gießkanne mit dem Ausguss vorne, 2024, S. 139 und 141.
2 Ebd., S. 141.
3 Jan-Werner Müller: Was ist Populismus? Ein Essay, Berlin 2016, S. 31.
4 Ebd.
5 Heinrich Heine: Die Wanderratten (1852). In: Ders.: Heine für unsere Zeit, Berlin/Weimar 1985, 121ff.
6 Max Horkheimer/Theodor W. Adorno: Dialektik der Aufklärung, Frankfurt am Main 1988, S. 33f.
7 Theodor W. Adorno: Zur Bekämpfung des Antisemitismus heute, Berlin 2024, S. 34.
8 Stefan Breuer: Die Gesellschaft des Verschwindens. Von der Selbstzerstörung der technischen Zivilisation, Hamburg 1992, S. 39.
9 Eva Illouz: Explosive Moderne, Berlin 2024, S. 18.
10 Theodor W. Adorno: Studien zum autoritären Charakter, Frankfurt am Main, 2000, S, 43 und 323f.

11 Bertolt Brecht: Dreigroschenoper, Berlin 1968, S. 109.
12 Carolin Amlinger/Oliver Nachtwey: Gekränkte Freiheit. Aspekte des libertären Autoritarismus, Berlin 2022, S. 331.
13 Saša Stanišić: Anprobe. In: Ders.: Möchte die Witwe angesprochen werden, platziert sie auf dem Grab die Gießkanne mit dem Ausguss vorne, München 2024, S. 139 und 146.
14 Hannah Arendt: Elemente und Ursprünge totaler Herrschaft. Antisemitismus, Imperialismus, totale Herrschaft, Frankfurt am Main 1993, S. 538, 541 und 544.
15 Theodor W. Adorno: Studien zum autoritären Charakter, Frankfurt am Main, 2000, S. 381.
16 Daniel Mullis: Der Aufstieg der Rechten in Krisenzeiten, Ditzingen 2024, S. 216f.
17 Ebd., S. 21.
18 Ebd., S. 119.
19 Ebd., S. 161 und 219.
20 Eva Illouz: Explosive Moderne, Berlin 2024, S. 264.
21 Saša Stanišić: Gründe einer Verspätung. In: Ders.: Möchte die Witwe angesprochen werden, platziert sie auf dem Grab die Gießkanne mit dem Ausguss vorne, München 2024, S. 138 und 152
22 Oliver Nachtwey: Die Abstiegsgesellschaft. Über das Aufbegehren in der regressiven Moderne, Berlin 2016, S. 221.
23 Max Horkheimer/Theodor W. Adorno: Dialektik der Aufklärung, Frankfurt am Main 1988, S. 42, 38.

Dank

Kein Buch ohne Geschichte. In den vergangenen zwei Jahren durfte ich »Verqueres Denken – Gefährliche Weltbilder« in unterschiedlichen Kontexten vorstellen. Die Diskussionen, nicht selten unter Sicherheitsmaßnahmen, waren konstruktiv und kontrovers. Kein Abend oder Nachmittag, an dem die Argumentationen und Thesen nicht emotionsgeladen ausgetauscht wurden. Diese Gespräche und Streits führten zu der Idee, autoritären Reaktionen im Kontext der regressiven Modernen nachzugehen.

Dafür danke ich den unterschiedlichen Bildungseinrichtungen, Initiativen, Gewerkschaften, Medien, Organisationen, Stiftungen und Vereinen. Viele Anregungen und Anmerkungen, Einwürfe und Einschätzungen verdanke ich Kolleg*innen, unter anderen: Jean-Philipp Baeck, Andreas Baumer, David Begrich, Janine Clausen, Nils Franke, Cornelia Habisch, Felix Krebs, Martin Langebach, Andrea Röpke, Annika Stenzel und Volker Weiß. Margarete Schlüter half nicht nur beim ersten Sichten des Manuskripts.

Den Redaktionen von taz, taz-nord und Der Rechte Rand

sei für Geduld und Verständnis gedankt, da meine Mitarbeit eingeschränkt war.

Dem Team des Christoph Links Verlags danke ich für das langjährige Vertrauen. Eine über 20-jährige Zusammenarbeit, auch gegenüber streitbaren Akteur*innen.

Herzlicher Dank geht wieder an all jene Personen und Netzwerke, die auf eigenen Wunsch – auch wegen der gestiegenen Bedrohung – nicht namentlich erwähnt werden möchten, die mir aber eng verbunden sind.

Martin Debes
Deutschland der Extreme
Wie Thüringen die Demokratie herausfordert

280 Seiten, Klappenbroschur
20,00 € (D); 20,60 € (A)
ISBN 978-3-96289-213-5

Martin Debes erzählt die Geschichte eines Landes, das Experimentierfeld extremer politischer Strömungen war und wieder geworden ist: Genau ein Jahrhundert, nachdem in Weimar erstmals Bürgerliche mithilfe völkischer Extremisten regierten, steht die Demokratie in Thüringen vor einer neuen Herausforderung. Das ist nicht nur ein Härtetest für die Region, sondern einer für die ganze Bundesrepublik. Thüringen steht damit beispielhaft für die Bedrohung der Demokratie in Deutschland.

www.aufbau-verlage.de/ch-links-verlag

Özgür Özvatan
Jede Stimme zählt
**Von Demokraten unterschätzt,
von Populisten umworben:
migrantische Deutsche als
politische Kraft**

208 Seiten, Festeinband mit
Schutzumschlag
22,00 € (D); 22,70 € (A)
ISBN 978-3-96289-230-2

Migrantische Communitys stellen einen bedeutenden Teil der deutschen Bevölkerung dar. Bis 2030 wird mehr als die Hälfte einen Migrationshintergrund haben. Eine demografische Entwicklung, die die politische Landschaft verändern wird. Dennoch versäumen es demokratische Parteien, um die Gunst migrantischer Communitys zu werben. Rechtsextreme und populistische Parteien haben die Lücke erkannt und nehmen sie gezielt ins Visier. Um ihre Botschaften zu lancieren, nutzen AfD und BSW vor allem Social-Media-Plattformen. Mit seiner aufrüttelnden Analyse schafft der Soziologe Özgür Özvatan ein Bewusstsein dafür, Migrant:innen als demokratische Kraft endlich ernst zu nehmen und aktiv in den politischen Diskurs einzubeziehen.

www.aufbau-verlage.de/ch-links-verlag

Andreas Speit
Verqueres Denken
Gefährliche Weltbilder
in alternativen Milieus

240 Seiten, Broschur
18,00 € (D); 18,50 € (A)
ISBN 978-3-96289-159-6

Sie gehen für »die Freiheit« auf die Straße: Bei den Querdenken-Demonstrationen und Corona-Protesten laufen Impfgegner:innen neben QAnon-Anhänger:innen, Esoteriker:innen neben Rechtsextremen, die Peace-Fahne flattert neben der Reichsflagge. Dieses Miteinander kommt jedoch nicht zufällig zustande. Wer sich für den Schutz von Natur und Tieren einsetzt, vegane Ernährung und Alternativmedizin bevorzugt, seine Kinder auf Waldorfschulen schickt oder nach spiritueller Erfüllung sucht, muss nicht frei von rechtem Gedankengut und Verschwörungsfantasien sein. Andreas Speit zeigt, dass in alternativen Milieus Werte und Vorstellungen kursieren, die alles andere als progressiv oder emanzipatorisch sind.

www.aufbau-verlage.de/ch-links-verlag